MOMENTOS COM DEUS para casais

100 DEVOCIONAIS PARA SE APROXIMAR DE DEUS E UM DO OUTRO

Publicações Pão Diário

Originally published in English under the title:
Moments With God For Couples: 100 Devotions For Growing Closer To God And Each Other

Coordenação editorial: Adolfo A. Hickmann
Tradução: Giovana Caetano
Revisão: Lozane Winter, Adolfo A. Hickmann, Jordânia A. Siqueira
Capa: Patti Brinks
Projeto gráfico: Michael J. Williams
Coordenação gráfica: Audrey Novac Ribeiro
Diagramação: Ana Lazzarotto

Dados internacionais de Catalogação na Publicação (CIP)

HATCHER, David; HATCHER, Lori (texto); WILLIAMS, Michael J. (ilustração)
Momentos com Deus para casais — 100 devocionais para se aproximar de Deus e um do outro
Tradução: Giovana Caetano, Curitiba/PR, Publicações Pão Diário
Título original: *Moments With God For Couples: 100 Devotions For Growing Closer To God And Each Other*

1. Estudo bíblico 2. Vida cristã 3. Casamento 4. Discipulado para casais

Publicações Pão Diário
Caixa Postal 9740
82620-981 Curitiba/PR, Brasil
publicacoes@paodiario.org
www.publicacoespaodiario.com.br
Telefone: (41) 3257-4028

Código: MU370 | ISBN: 978-65-5350-608-4

1.ª edição: 2025
Impresso na China

Introdução

Algo começou a mudar em nosso décimo ano de casamento, e esse *acontecimento* mudou o rumo de nosso relacionamento. Durante anos, quisemos ter um tempo de pararmos e fazermos um devocional juntos, mas não conseguíamos descobrir como colocar isso em prática.

De manhã, eu [David] saía bem cedo, enquanto Lori ficava na cama para aproveitar os últimos momentos preciosos de sono, antes que nossas filhas acordassem. O jantar, os banhos e a hora de dormir consumiam nossas noites. Quando as meninas dormiam, tudo o que queríamos era relaxar. Tentamos ler na cama antes de apagar as luzes, mas um de nós, ou ambos, inevitavelmente caía no sono; às vezes, no meio de uma frase!

Um dia, olhando para o último devocional para casais que havíamos comprado, Lori apresentou esta sugestão: "E se eu me levantar com você e preparar um café da manhã leve, enquanto você toma banho? Se você comer enquanto eu leio o devocional do dia, ainda poderá sair para o trabalho na hora certa". Decidimos tentar.

Quase 30 anos depois, ainda começamos a maioria de nossos dias com um simples café da manhã, uma leitura devocional de cinco minutos, ou menos, e uma rápida oração juntos. Essa prática exigiu compromisso e sacrifício de ambos, mas valeu a pena. Quando começamos nossa manhã com uma leitura centrada na Bíblia e orações, mantemos nossa mente em Deus e nosso coração está unido; assim, preparamo-nos para o dia que se inicia.

Experimentamos a verdade destas palavras de Jesus: "Uma pessoa não vive só de pão, mas de toda palavra que vem da boca de Deus" (Mateus 4:4).

Lori e eu nunca imaginamos que estaríamos escrevendo um devocional para casais, mas aqui estamos. Não porque temos todas as respostas, mas porque, como D. T. Niles disse certa vez, somos todos como "um mendigo dizendo a outro mendigo onde conseguir comida".

Nosso casamento está longe de ser perfeito; mas, pela graça de Deus, tem resistido à prova do tempo. Sobrevivemos a muitos desafios que a maioria das famílias enfrenta na contemporaneidade e crescemos em nosso amor por Deus e um pelo outro. Também cometemos muitos erros. Compartilharemos alguns deles nas páginas a seguir, com as lições que Deus nos ensinou por meio dessas experiências. Dessa forma, você pode pular um pouco da dor e ir direto para a bênção.

Nossa oração é que, ao lerem cada uma destas reflexões, vocês sejam conduzidos para mais perto de Deus e um do outro.

Que o Senhor os abençoe!

David e Lori Hatcher
Momentos com Deus para casais

MOMENTOS COM DEUS para casais

1

Introvertidos e extrovertidos se unem

Lori

"Uau", disse David. "Essa foi uma festa divertida!"

Seus olhos brilhavam e ele ressaltava as palavras com gestos animados.

"Conversei um pouco sobre *Star Trek* com o João; depois descobri que o Pedro joga golfe! Ele me contou sobre seu campo de golfe favorito. Também conversei com a Sra. Willermina. Você sabia que o marido dela está doente?".

Eu sorri e balancei a cabeça.

"*Foi* uma festa divertida, mas estou feliz por estar em casa. Vou me sentar em meu escritório por um tempo e recarregar as energias".

Durante anos, pensei que os extrovertidos gostassem de pessoas e os introvertidos não. Mas essa explicação nunca me caiu bem. Eu sabia que era introvertida, mas também sabia que gostava de pessoas, mas não em excesso: não todas as pessoas juntas ao mesmo tempo por muito, muito tempo!

Depois descobri uma explicação melhor sobre introvertidos e extrovertidos. Os introvertidos se recarregam passando tempo sozinhos e os extrovertidos ganham energia quando passam tempo com outras pessoas.

Paulo, em sua primeira carta aos Coríntios, descreveu a beleza e a singularidade dos membros da igreja. Ao comparar a Igreja de Cristo a um corpo humano, ele detalhou como Deus criou cada parte, exatamente como são, para cumprirem um propósito único.

Quando vejo meu marido receber clientes o dia todo como se fossem velhos amigos, fico maravilhada com a beleza de um extrovertido exercendo seu dom. Suspeito que ele aprecie minha capacidade de criar oportunidades mais "silenciosas" para nossos amigos mais introvertidos poderem sair conosco. Reconhecer nossas diferenças de personalidade como parte do plano de Deus para alcançar o mundo nos ajuda a respeitar e a valorizar mais um ao outro.

Mas nosso corpo tem muitas partes,
e Deus colocou cada uma delas onde ele quis.
1 Coríntios 12:18

UM PASSO À FRENTE

Você é introvertido ou extrovertido? E quanto ao seu cônjuge? Você já identificou seu tipo de personalidade com base em como você recarrega sua energia? Isso muda a forma como você vê as necessidades de seu cônjuge quando se trata de eventos sociais ou reuniões familiares? Leia 1 Coríntios 12:12-13 e celebre o bom plano de Deus ao criar introvertidos, extrovertidos e aqueles que têm um pouco dos dois!

2

O que dizer quando não queremos falar?

David

Vamos encarar os fatos: há momentos em que estamos apenas mal-humorados. As coisas não deram muito certo, seja com nosso chefe ou com nossos filhos. Tivemos que enfrentar o trânsito ou uma fila, esperando o ônibus ou motorista de aplicativo chegar. Um colega de trabalho pode ter dito algo indelicado e estamos tendo dificuldade para nos esquecer disso. Entramos pela porta de casa e a última coisa que queremos fazer é falar sobre o assunto. Então, sentamo-nos de mau humor e olhamos para todos: nosso cônjuge nos oferece a mão e nós agimos grosseiramente.

"O que há de errado?".

"Nada".

O perigo dessa resposta é que nosso cônjuge pode presumir que ele (ou ela) é o problema. Que, sem saber, fez algo que nos aborreceu e estamos aborrecidos.

Lori e eu descobrimos (mas ainda estamos aprendendo a aplicar) o poder destas duas frases: "Perdão, meu amor! Meu mau humor não tem nada a ver com você." e "Só preciso de um tempo para me recompor". Essas palavras dão ao *Sr. João-rabugento*, ou à *Sra. Maria-carrancuda*, espaço para lidar com suas emoções e libertam as pessoas ao seu redor de preocupações desnecessárias.

Fico imaginando se Salomão tinha em mente as pessoas mal-humoradas e seus entes queridos preocupados quando ele escreveu as palavras de Provérbios 25. Como um sábio pai, ele oferece vários conselhos úteis sobre nossas palavras: "Resolva a sua causa diretamente com [a pessoa]" (v.9 NVI) com quem você tem uma queixa, "não revele os segredos" (v.9) e use "palavras suaves" (v.15) para mudar situações difíceis. O versículo 11, entretanto, é o que melhor capta o poder das palavras cuidadosamente escolhidas e usadas no momento certo.

A palavra proferida no tempo certo é como maçãs de ouro incrustadas em uma escultura de prata.
Provérbios 25:11 NVI

UM PASSO À FRENTE

Quando está de mau humor, é mais provável que você desabafe ou se feche? Se você se fecha, que efeito poderia ter em seu casamento se você usasse as palavras mencionadas acima ou algo semelhante na próxima vez que não tiver vontade de conversar? Se você desabafa, como poderia aplicar o princípio de Provérbios 25:11 para ajudá-lo a escolher suas palavras com cuidado ao falar diretamente?

3

Guerra por um refrigerante

Lori

Uma das brigas mais feias que David e eu já tivemos foi por causa de uma lata de refrigerante *diet*. É sério! Estávamos concluindo uma viagem de carro e tínhamos dois refrigerantes gelados em nosso frigobar portátil para carro. Um deles era uma marca famosa e o outro era um genérico. Embora eu sempre afirmasse (e meio que acreditasse) que as marcas genéricas são de igual qualidade e sabor em comparação com suas concorrentes de marca registrada, eu queria a de marca famosa e ele também.

Então discutimos, brigamos e ambos ficamos emburrados um com o outro. Dois dias depois, quando recuperamos a razão, percebemos que a raiz de nossa discordância não eram as marcas famosas ou genéricas, mas o nosso egoísmo.

Na verdade, o egoísmo é a causa da maioria de nossas discussões. Ah, dizemos que estamos nos baseando em princípios ou até mesmo na moralidade, mas quando vamos mais a fundo, lá está ele: o egoísmo puro e inalterado. Ele quer comida mexicana, e eu prefiro comida chinesa. Eu gostaria de ter um feriado tranquilo, e ele deseja dar uma festa. Talvez seja por isso que o apóstolo Paulo desafiou os cristãos: "Não sejam egoístas, nem tentem impressionar ninguém" (Filipenses 2:3).

Paulo não estava lhes dizendo para desconsiderar completamente suas preferências ou interesses. Ele os estava incentivando a valorizar os outros acima de si mesmos. Isso se aplica especialmente àqueles com quem convivemos. Em um casamento, se o casal honrar esse princípio, isso pode mudar o tom do relacionamento (e evitar muitas discussões).

> Não sejam egoístas, nem tentem impressionar ninguém. Sejam humildes e considerem os outros mais importantes que vocês. Não procurem apenas os próprios interesses, mas preocupem-se também com os interesses alheios.
> Filipenses 2:3-4

UM PASSO À FRENTE

Pense em algumas de suas discussões mais recentes. Elas foram causadas pelo egoísmo? Leia Filipenses 2:1-8. Como seu relacionamento poderia ser diferente se você aplicasse essa passagem? Decida-se hoje a imitar Cristo, procurando maneiras de colocar os interesses dos outros acima dos seus.

4

Relato de uma testemunha ocular

David

Nunca esquecerei o dia em que conheci Tony Romo, jogador famoso do time de futebol americano *Dallas Cowboys*. Eu estava andando pelo corredor de um hotel e lá estava ele. Eu me apresentei como seu grande fã do estado americano em que moro.

Ele estendeu a mão e me disse: "Reconheço sua voz".

Se algum dia eu for chamado para testemunhar que Tony estava no hotel naquela noite, meu testemunho será válido no tribunal, pois eu não ouvi um boato de que Tony estava lá: eu o vi, ouvi e toquei nele.

Deus levou o apóstolo João a escrever as palavras de 1 João 1:1-4 porque sabia que o poder do evangelho repousava na verdade de que Jesus Cristo viveu, morreu e ressuscitou, historicamente, em tempo real e à vista de milhares de testemunhas.

"Nós o ouvimos", disse João. "Nós o vimos com nossos olhos. Nós o *tocamos*". Como é possível ser mais real do que isso? Assim como eu interagi com Tony Romo, os apóstolos caminhavam e conversavam com Jesus, eles cearam juntos e partilharam sua vida com Ele. Qualquer tribunal legítimo reconheceria as palavras de João como um testemunho ocular irrefutável.

Que dádiva Deus nos concedeu com o testemunho irrefutável da Bíblia. Embora os cristãos devam aceitar Sua dádiva da salvação pela fé, nossa fé se apoia em sólidas evidências históricas. Quando nossa cultura, os céticos ou nossas próprias dúvidas tentam minar o que cremos, podemos ficar seguros. Sabemos que os relatos bíblicos sobre Jesus não são apenas histórias: eles são fatos.

> Proclamamos a vocês aquele que existia desde o princípio, aquele que ouvimos e vimos com nossos próprios olhos e tocamos com nossas próprias mãos. Ele é a Palavra da vida.
>
> 1 João 1:1

UM PASSO À FRENTE

Você já se sentiu tentado a duvidar se o cristianismo é realmente verdadeiro? Compartilhem isso um com o outro. Como o fato de saber que as verdades da Bíblia são apoiadas por evidências históricas sólidas pode ajudá-los a encorajar-se mutuamente quando as dúvidas tentarem fraquejar sua fé? Pensem em como aprender mais juntos sobre as evidências que confirmam a vida, a morte e a ressurreição de Jesus.

5

Como combater o medo e abraçar a paz?

Lori

Eu tenho uma capacidade incrível de me assustar facilmente. *Esta é a segunda vez nesta semana que David me pede o saldo de nossa conta corrente. Será que ele está preocupado com dinheiro? Talvez as coisas estejam ruins no trabalho. E se os novos donos começarem a demitir pessoas? Se ele perder o emprego, não terá plano de saúde. Não conseguiremos pagar nossas contas. Perderemos nossa casa e acabaremos destituídos e morando em um abrigo para pessoas em situação de rua.* Duas perguntas simples se transformam em "falência" na minha mente, um pensamento veio tão rápido quanto o tempo que eu levaria para dizer "execução hipotecária".

Paulo não se dirigiu a mim na carta de 2 Coríntios, mas suas palavras me ajudaram a combater minha tendência ao medo: "Levamos cativo todo pensamento rebelde e o ensinamos a obedecer a Cristo" (10:5).

Como que se leva cativo um pensamento para o tornarmos obediente a Cristo? Fazemos isso ao compararmos cada pensamento com as Escrituras, ou seja, com o que sabemos ser verdade sobre Deus por meio de Sua Palavra.

Se David perder seu emprego, o que a Bíblia diz? Deus é o meu provedor (veja Gênesis 22:14). Ele fornecerá alimento, roupas e abrigo para aqueles que confiam nele (veja Mateus 6:25-33). E "aos que buscam o Senhor nada de bom faltará" (Salmo 34:10).

Quando sou dominada pelo medo, David me lembra de 2 Coríntios 10:5. Eu faço o mesmo com ele. Descobrimos que a paz e a verdade tem uma chance muito maior de reinar em nosso coração quando submetemos os nossos pensamentos a Cristo.

> Levamos cativo todo pensamento rebelde
> e o ensinamos a obedecer a Cristo.
> 2 Coríntios 10:5

UM PASSO À FRENTE

Em seu casamento, qual de vocês tende a se preocupar mais? Você está lutando com pensamentos de medo (racionais ou irracionais) neste momento? Compartilhe-os com seu cônjuge e, juntos, levem-nos cativos a Cristo. Compare-os com o que você sabe ser verdade pelas Escrituras.

6

Quando dois se tornam três (ou mais)

David

Lori e eu já estávamos casados há quase 5 anos na época em que nossa primeira filha nasceu. Como nos casamos jovens, tivemos o luxo de esperar alguns anos antes de sermos pais. Quando ela nasceu, direcionamos (apropriadamente) nosso tempo, energia e recursos para cuidar da nossa pequena bebê, presente de Deus para nós. Só não estávamos preparados para o fato de que era muito trabalhoso cuidar de uma criança que pesava menos do que um pacote de arroz.

À medida que nos adaptávamos à nova rotina, comecei a sentir algumas emoções perturbadoras. Eu amava minha filha e estava orgulhoso da maneira como Lori se transformou em mãe. Ao mesmo tempo, eu me sentia solitário, negligenciado e com ciúmes porque nossa rotina de casal mudou bastante ao nos tornarmos pais. Eu sentia falta do tempo especial a dois.

Que tipo de homem sente ciúmes de um bebê indefeso? Aparentemente, um homem muito normal. Aprendemos mais tarde (felizmente, não muito mais tarde) que nossos papéis como pais não devem substituir nossos papéis como marido e mulher. Eles devem complementá-los.

Jesus enfatizou a natureza única e sagrada do relacionamento entre marido e mulher ao afirmar que, ao se unirem, um homem e uma mulher tornam-se "uma só carne" (Marcos 10:8 NAA). Suas palavras nos lembraram de que, para construir uma família forte, precisávamos construir um casamento forte. Ele nos deu a divina permissão para cultivar nosso relacionamento um com o outro, ao planejarmos nossos encontros à noite, fazermos outras atividades e termos conversas que não incluíssem somente nossa bebê ou que girassem em torno apenas dela. Quando fizemos isso, nosso amor cresceu e juntos nos tornamos pais melhores.

Que ninguém separe o que Deus uniu.
Marcos 10:9

UM PASSO À FRENTE

Faça uma retrospectiva da última semana. Vocês passaram algum tempo juntos, ou seus dias foram consumidos pelo trabalho, filhos e outras responsabilidades? Planeje um encontro à noite para o futuro próximo. Reserve também um tempo todos os dias, mesmo que seja apenas dez minutos, para se reconectarem sem as crianças. Vocês não têm filhos ou são ainda um "ninho vazio"? Pensem em algumas maneiras de passar um tempo a sós, somente um com o outro, de maneira intencional.

7

Não dê hambúrguer para o cachorro

Lori

Na época, nunca imaginei que uma experiência tão humilhante da minha adolescência me ensinaria uma lição que eu poderia aplicar ao meu casamento. Eu queria causar uma boa impressão para a tia excêntrica da minha melhor amiga Ellen. Ela havia convidado a família de Ellen para jantar e me incluiu no convite. "Sou vegetariana", anunciou ela quando chegamos, "mas encontrei um pouco de carne moída no fundo do freezer, então fiz hambúrguer para vocês".

Ellen e eu nos sentamos à minúscula mesa de jantar de sua tia, enquanto ela e os pais de Ellen comiam à mesa em frente à TV na sala de estar. Por cima dos pratos, olhamos uma para a outra. "Estou com receio de comer isso", sussurrei. "Tem uma cor esquisita."

Levando um dedo aos lábios, Ellen tirou a carne do meu prato e a ofereceu ao cachorrinho da tia. Para nosso horror, o cachorro caminhou até a sala de estar e depositou a placa de carne cinza aos pés de sua dona.

Meu relacionamento com a tia de Ellen poderia ter sido melhor se eu tivesse admitido minha aversão ao hambúrguer em vez de tentar escondê-la. Lembrei-me disso quando meu marido me deu um moletom rosa no nosso primeiro Natal. "Sei que você queria me abençoar", eu disse, "e que você não pode ler minha mente, mas rosa não é a minha cor". David fez o mesmo, admitindo que preferia uma camiseta nova do time *Dallas Cowboys* a um par de abotoaduras.

O escritor de Provérbios afirmou o valor da comunicação honesta quando escreveu: "Uma resposta honesta é como um beijo de amizade" (24:26). Quando expressamos a verdade com gentileza, ela abençoa ambas as partes e evita uma série de trocas de palavras desagradáveis.

Uma resposta honesta é como um beijo de amizade.
Provérbios 24:26

UM PASSO À FRENTE

Há alguma questão de preferência sobre a qual vocês hesitaram em falar um com o outro? Compartilhe-a hoje. Mas lembre-se: seja gentil.

8

Gangues e carruagens

David

Um dos momentos mais assustadores de minha vida aconteceu nas ruas de Los Angeles, em 1982. Eu estava servindo em um grupo missionário pela *Liberty University*, observando a vizinhança e compartilhando sobre Cristo com os moradores. Tínhamos batido em várias portas quando cinco rapazes saíram de uma rua lateral e se voltaram para nós. "Vocês não são daqui", disse o líder, olhando para nós com desconfiança. "Não gostamos de estranhos."

"Estamos trabalhando com a Igreja local", disse eu, com medo e com minha voz mais alta do que o normal. "Estamos batendo de porta em porta falando às pessoas sobre Jesus."

"Jesus?". Seu rosto se suavizou, e o olhar antagônico deixou seus olhos. "Estive em um reformatório algumas vezes. Conheci Jesus lá. Vamos fazer o seguinte? Vamos proteger vocês e torná-los 'membros honorários' da nossa gangue. Ninguém vai mexer com vocês, desde que não saiam à noite."

Durante todo o verão, trabalhamos na vizinhança sem nenhum outro problema. Isso me fez lembrar de 2 Reis 6, "quando o rei da Síria" (v.8) procurou tirar a vida do profeta Eliseu, cercando Dotã com um exército de soldados e carruagens. O servo de Eliseu entrou em pânico, mas Eliseu orou: "Ó Senhor, abre os olhos dele, para que veja" (v.17). O servo visualizou então as colinas ao redor deles cheias de cavalos e carros de fogo.

Deus não enviou cavalos e carruagens para nos proteger naquele verão em Los Angeles; Ele enviou uma gangue. A proteção deles foi outro exemplo de como Deus às vezes usa os meios mais improváveis para proteger e guardar Seus filhos.

> "Não tenha medo!", disse Eliseu. "Pois do nosso lado há muitos mais que do lado deles!"
>
> 2 Reis 6:16

UM PASSO À FRENTE

Quando foi a última vez que você experimentou a proteção de Deus de uma fonte inesperada? Compartilhem suas histórias um com o outro e depois orem pela proteção de Deus sobre seu casamento e seu cônjuge. Leia 2 Reis 6:8-23.

9

Um cego guiando outro

Lori

Miguel e sua esposa, Jeane, ensinam na escola bíblica dominical em nossa igreja. Miguel também serve como diácono, e Jeane é solista. Ambos são cegos, mas têm uma vida plena e produtiva.

Talvez o maior desafio de seu casamento de 40 anos tenha ocorrido quando Jeane caiu e quebrou o quadril. Ela precisou de uma cadeira de rodas por oito semanas. Miguel nos contou sobre o problema logístico que isso causou. "Tenho força suficiente para empurrar Jeane pela casa em sua cadeira de rodas. Mas é preciso usar as duas mãos, e não posso usar minha bengala para me locomover".

Como sempre fazem, eles pensaram em uma maneira de trabalhar juntos. "Eu empurro a cadeira, e Jeane apalpa as paredes para nos guiar. Não somos rápidos, mas conseguimos fazer o que precisamos".

Miguel e Jeane são um exemplo do que é um casal cristão trabalhando junto para enfrentar os desafios da vida. Salomão observou: "É melhor serem dois que um, pois um ajuda o outro a alcançar o sucesso" (Eclesiastes 4:9). Felizmente, se formos abençoados com um cônjuge, não precisaremos enfrentar a vida sozinhos. Quando o julgamento de um dos cônjuges é obscurecido pela emoção, o outro pode oferecer uma visão objetiva. Quando um dos dois enfrenta um desafio físico ou espiritual, o outro pode assumir a liderança. Quando um não tem conhecimento ou experiência, o outro pode estar mais bem informado.

Deus sabia que precisaríamos um do outro e nos abençoou com o nosso cônjuge.

Assim como Jeane, eu sempre soube o caminho certo a seguir, mas precisei do empurrãozinho do meu marido para chegar lá. Sou grata por não ter que seguir sozinha.

> É melhor serem dois que um,
> pois um ajuda o outro a alcançar o sucesso.
> Eclesiastes 4:9

UM PASSO À FRENTE

Pense em momentos desafiadores de seu casamento em que um de vocês teve de contar com a força, o conhecimento ou a experiência do outro para superar o problema. Expresse sua gratidão ao seu cônjuge por estar ao seu lado. Agradeça ao Senhor por mantê-los unidos e equipados com diferentes dons e habilidades.

10

Palavras românticas

David

Lori sempre percebe quando estou lendo Cântico dos Cânticos na Bíblia, pois começo a elogiá-la de maneiras estranhas. Um dia, eu lhe disse: "Seus dentes são brancos como ovelhas recém-tosquiadas e lavadas. Seu sorriso é perfeito; cada dente tem seu par ideal" (Cântico dos Cânticos 4:2). Eu sabia que, por ser dentista, ela aprecia elogios sobre os seus dentes. Em outra ocasião, eu lhe disse: "Seu pescoço é gracioso como uma torre de marfim" (7:4) e "Seus olhos são pombas" (1:15).

Percebi que ela estava gostando das minhas palavras românticas. Então acrescentei "seu nome é como a fragrância que se espalha" (1:3). "Como um lírio entre os espinhos, assim é minha querida entre as moças" (2:2). Mas depois as coisas desandaram: "Seu umbigo tem forma perfeita, como taça cheia de vinho de boa mistura. Sua cintura é como um monte de trigo" (7:2).

Nós rimos das expressões exageradas de amor físico que Salomão e sua noiva trocaram nesse livro bíblico que fala de amor romântico, mas Deus o incluiu no cânone das Escrituras por uma razão. Talvez tenha sido para nos lembrar de que o casamento não se trata apenas daquele amor de amizade (do grego, *phileo*) ou de amor incondicional (*ágape*), mas que também se trata de amor físico (*eros*).

Brincadeiras à parte, Deus deu aos que são casados não apenas a Sua permissão, mas Seu incentivo sincero para que desfrutem do corpo um do outro. É um presente doce e especial.

> Você conquistou meu coração, minha amiga,
> minha noiva. Você o cativou com um só olhar de relance.
> Cântico dos Cânticos 4:9

UM PASSO À FRENTE

Quando foi a última vez que vocês elogiaram os atributos físicos um do outro? Reserve um momento para compartilhar duas ou três coisas que vocês gostam na aparência um do outro. Comprometa-se a fazer isso com mais frequência.

11

Feedback sanduíche

Lori

"Sua história inicial não me tocou. O ponto principal não está claro, e você usou muitos versículos bíblicos".

Dolorido! Embora as observações que a editora escreveu no final do meu devocional fossem válidas, a forma como foram passadas foi dolorosa. Então comentei com David: "Ela não disse uma única coisa de que tenha gostado no artigo. Ela precisa aprender o método sanduíche".

Todos os meses, reúno-me com um grupo de escritores que critica os trabalhos uns dos outros, chamado *Word Weavers International* (Grupo internacional de tecelões das palavras). Os membros são treinados para usar o método "*feedback* sanduíche", que possui três etapas: compartilhar algo de que você gosta, sugerir melhorias e terminar com algo positivo. Ao começar e terminar com uma nota positiva, incentivamos a escrita e suavizamos o impacto do *feedback* de forma construtiva.

Muito antes do surgimento da *Word Weavers*, Deus deu instruções sobre como devemos falar aos outros. Paulo disse aos cristãos de Éfeso que falassem a verdade "em amor" (Efésios 4:15). Ao fazermos isso, tornamos mais fácil para alguém receber *feedback* sem se sentir desanimado ou desencorajado.

O método sanduíche também funciona em casamentos. Ele é especialmente útil para pessoas analíticas que, como eu, tendem a se concentrar nos aspectos negativos e não percebem os positivos. Quer estejamos criticando um texto ou abordando um problema de relacionamento, falar a verdade de forma amorosa nos ajuda a crescer em nossa comunicação e beneficia as pessoas com quem convivemos.

> Em vez disso, falaremos a verdade em amor,
> tornando-nos, em todos os aspectos, cada vez
> mais parecidos com Cristo, que é a cabeça.
> Efésios 4:15

UM PASSO À FRENTE

Qual foi a última vez que alguém compartilhou a verdade com você de uma forma bruta e desencorajadora? Você acha que compartilhar a verdade de maneira amorosa poderia ter alterado a maneira como você recebeu a crítica? Na próxima vez que der um *feedback* a seu cônjuge, lembre-se de usar o método sanduíche!

12

Apenas o que você pode suportar

David

"Deus nunca lhe dará mais do que você pode suportar", disse a gentil senhora ao dar um tapinha nas minhas costas. Em sete meses, nossa família perdera três irmãos adultos e uma avó. Toda vez que encontrávamos forças para levantar a cabeça e respirar, outra onda de tristeza vinha sobre nós. Cada uma das circunstâncias trágicas e as lágrimas que as acompanhavam ameaçavam nos afogar.

Amigos bem-intencionados tentaram nos consolar com frases como as que essa mulher compartilhou. Seu coração estava no lugar certo, mas sua teologia não era sólida. Deus *nos dará sim* mais do que podemos suportar, e muitas vezes Ele o faz.

O apóstolo Paulo sabia disso, e ele escreveu aos coríntios: "Irmãos, queremos que saibam das aflições pelas quais passamos na província da Ásia. Fomos esmagados e oprimidos além da nossa capacidade de suportar, e pensamos que não sobreviveríamos" (2 Coríntios 1:8).

Você entendeu isso? Ele diz "além da nossa capacidade de suportar". Os naufrágios, espancamentos, prisões, problemas de saúde e outras provações levaram Paulo aos limites de sua resistência e o teriam destruído se a força de Deus não o tivesse sustentado.

Quanto mais desamparado me senti, mais Deus demonstrou Sua fortaleza em meu favor. Como uma equipe de busca e salvamento da guarda costeira, Ele me tirou das ondas e me levou para um lugar seguro várias e várias vezes. Costumo dizer aos outros: "Deus nunca lhe dará mais do que você pode suportar *com* a força dele".

> De fato, esperávamos morrer. Mas, como resultado, deixamos de confiar em nós mesmos e aprendemos a confiar somente em Deus, que ressuscita os mortos.
> 2 Coríntios 1:9

UM PASSO À FRENTE

Leia 2 Coríntios 1:8-11. Fale sobre a diferença entre "Deus não lhe dará mais do que você pode suportar" e "Deus não lhe dará mais do que você pode suportar *com* a força dele". Qual é o perigo dessa primeira declaração bem-intencionada? Pense em seus próprios momentos de dor ou perda. Como seu cônjuge o ajudou a enfrentá-los? O que ele(a) fez que foi mais útil para você?

13

Melhor que relações íntimas

Lori

Eu tenho algumas conversas inesperadas com meus pacientes odontológicos. Como trabalho no mesmo consultório há mais de 35 anos, acabei conhecendo bem meus pacientes. Muitos são cristãos e nós desfrutamos de um rico momento de companheirismo enquanto eu cuido dos dentes deles.

Quando Caroline, uma moça loira e bonita, casada há quase 15 anos, soube que eu estava escrevendo um devocional para casais com meu marido, ela disse: "Certifique-se de dizer aos maridos o quanto significa para suas esposas quando eles oram com elas". Pedi a ela que me falasse mais sobre isso.

"Carlos e eu estávamos lendo um livro sobre casamento recentemente que dizia que os homens se sentem mais seguros e amados durante os momentos de intimidade física", disse ela. "Aí olhei para ele e disse: 'É assim que me sinto quando lemos a Bíblia juntos e oramos. É muitas vezes melhor do que os momentos de intimidade!'", ela riu e continuou: "Quando ele ora *por mim* e *comigo*, meu coração se derrete e eu me apaixono por ele ainda mais. Quando lemos a Bíblia juntos, eu me sinto segura e protegida".

Quando Deus estabeleceu o casamento entre homem e mulher, Ele o fez para ser a mais elevada experiência humana de intimidade.

Quando os cristãos se casam, a presença de Deus acrescenta uma dimensão espiritual à intimidade física e emocional do casal, fazendo com que não seja apenas uma união entre o casal, mas também com Deus! Alguns dos vínculos mais doces e que mais satisfazem a alma ocorrem quando o casal se relaciona de forma física, emocional e espiritual.

> O Senhor está perto de todos que o invocam, sim,
> de todos que o invocam com sinceridade.
> Salmo 145:18

UM PASSO À FRENTE

Quais são os momentos em que vocês experimentam os sentimentos de maior intimidade um com o outro? O que os impede de se sentirem mais próximos? Compartilhem seus pensamentos e, em seguida, orem juntos. Peçam a Deus que os una física, emocional e espiritualmente!

14

Como você lida com a ira? (Parte 1)

David

Durante anos, pensei que tinha problemas com o controle da ira. Depois, aprendi que a ira não é o problema. A ira é a luz vermelha no painel de instrução que me alerta *para* o problema.[1]

Além de pastorear uma igreja, trabalho em uma concessionária de automóveis. Várias vezes por semana, vem algum cliente ao meu departamento porque uma luz vermelha piscou em seu painel. Eles sabem que a luz vermelha é um sinal de alerta de que há algo errado com o carro. Naturalmente, querem que alguém dê uma olhada.

Ficamos irados quando alguém representa uma ameaça a algo que valorizamos ou quando algum colega de trabalho recebe a promoção que achamos que merecemos, e então explodimos. Gostamos de nosso emprego, e é agradável pensar na possibilidade de uma promoção. Gritamos com nossos filhos quando eles sujam a casa porque valorizamos a ordem e a limpeza.

Muitas vezes, fico irado ao me sentir desrespeitado, quando colega de trabalho fala mal de mim, quando um amigo ignora meu conselho, ou mesmo quando um membro da família faz um comentário jocoso que fere meu orgulho. Nessas situações, ajo de forma grosseira.

Estou aprendendo a controlar minha ira, reconhecendo-a como uma ferramenta de diagnóstico: como uma luz de aviso que me alerta sobre o que está acontecendo em meu coração. Quando me aprofundo um pouco mais para descobrir o que motivou minha ira, posso determinar a resposta adequada.

O rei Salomão compreendia as emoções fervilhantes e a amargura não resolvida. Elas quase destruíram sua família (veja 2 Samuel 13). Ele pode ter escrito Provérbios 25:28 para que possamos aprender com a experiência dele. Seria prudente tomarmos nota.

> Quem não tem domínio próprio é como
> uma cidade sem muros.
> Provérbios 25:28

UM PASSO À FRENTE

Na próxima vez que ficar irado com o seu cônjuge, considere isso como uma luz vermelha no painel. Olhe além da emoção e procure descobrir o que realmente provocou sua ira. Orem juntos sobre um plano de ação apropriado e que honre a Deus e o implementem.

15

É pecado ficar irado?

Lori

Quando David foi lecionar em uma turma de estudos bíblicos sobre a ira lá em nossa igreja, isso provocou uma discussão animada (e, esperamos que, conduzida pelo Espírito). "A raiva não é sempre um pecado?", perguntou um homem.

"Caso contrário, por que então Tiago 1:20 diria que a ira humana nunca será capaz de produzir a justiça divina?".

"Mas e quanto a Efésios 4:26 'não pequem ao permitir que a ira os controle'?", perguntei. "A Bíblia fala sobre a ira de Deus contra aqueles que fazem coisas pecaminosas. Isso implica que não há problema em ficar irado?".

À medida que David e eu analisávamos o que pareciam ser versículos contraditórios, chegamos a uma compreensão maior sobre a ira.

A ira, assim como o medo, o amor e a tristeza, é uma emoção. Elas são dadas por Deus e fazem parte de nossa humanidade. Não podemos escolher as emoções que sentimos. Elas simplesmente acontecem. Como David escreveu na reflexão anterior, a ira é uma luz de advertência no painel de instrumentos.

Seria sensato examinarmos a nós mesmos para ver o que desencadeou a emoção em vez de simplesmente ceder a ela. Ficamos irados por termos testemunhado um crime contra uma pessoa inocente, uma farsa da justiça ou uma blasfêmia contra Deus? Ou por que alguém passou na nossa frente na fila do mercado ou comeu a última fatia de um bolo delicioso?

Nossa ira é focada nas coisas de Deus, motivada por razões justas, ou focada em nós mesmos, por razões egoístas? Para ser sincera, a maior parte de minha ira é centrada em mim mesma. Mas nem sempre é o caso. Identificar a motivação dela me ajuda a saber o que fazer em seguida. Falaremos mais sobre isso nos próximos textos.

Não se ire facilmente, pois a raiva é a marca dos tolos.
Eclesiastes 7:9

UM PASSO À FRENTE

Antes de ler essa abordagem, como vocês entendiam a ira? Como algo sempre ruim? Às vezes ruim? Ou como algo que podemos controlar ou do qual somos vítimas? É normal ficar irado? Se sim, quando? Compartilhem seus pensamentos um com o outro e orem juntos. Peça a Deus que os guie em toda a verdade.

16

Como você lida com a ira? (Parte 2)

David

Cresci com um pai explosivo que descarregava sua ira em nós, e eu não queria ser como ele. Eu achava que estava tomando o caminho certo em não gritar com minha esposa e meus filhos quando me sentia irritado. Eu, como cristão, deveria ser diferente. Logo, calei-me.

O que eu não percebia é que o silêncio, expressado ao ficar de mau humor, não falar com eles ou, ainda pior, reter afeto, também não é uma maneira saudável de lidar com a ira. Não é tão explosivo quanto gritar, mas ainda assim é prejudicial. E, em diversas vezes, pode ser igualmente destrutivo, pois não podemos resolver nossos sentimentos se não os comunicarmos.

A maioria de nós manifesta sua ira de três maneiras. Explodimos, vomitando palavras e ações venenosas; enterramos nossa ira e permitimos que a amargura cresça; ou extravasamos nossa ira na forma de sarcasmo e ações passivo-agressivas. Às vezes, fazemos as três coisas.

Quer tenhamos uma explosão, quer a enterremos ou a extravasemos, temos de aprender a lidar com nossa ira de maneira saudável. Não podemos controlar nossos sentimentos, mas podemos controlar o que fazemos com eles. Paulo lembrou aos efésios: "Não pequem ao permitir que a ira os controle" (Efésios 4:26). Sempre que nos permitimos ser governados por algo que não seja o Espírito Santo, corremos o risco de prejudicar ou destruir relacionamentos.

Arrependo-me das vezes em que feri minha esposa e outras pessoas ao ficar em silêncio. Embora eu não possa mudar o passado, posso pedir perdão e abraçar um novo futuro: um que seja mais saudável. Um futuro em que eu lide com a ira de maneira que honre a Deus.

Não pequem ao permitir que a ira os controle.
Acalmem a ira antes que o sol se ponha, pois ela cria
oportunidades para o diabo.
Efésios 4:26-27

UM PASSO À FRENTE

Quando você fica irado, tende a explodir, a enterrar a ira ou a extravasá-la? É assim que seus pais expressam a ira? Compartilhem sua perspectiva um com o outro. Na próxima vez que sentir sua ira aumentar em relação ao seu cônjuge, pare. Respire fundo algumas vezes. Faça a escolha de lidar com sua ira de uma forma mais saudável, que honre a Deus.

17

Poder para mudar

Lori

Os homens não são os únicos que lutam contra a ira. Quanto mais converso com as irmãs em Cristo, mais percebo que a ira não é um fator exclusivamente masculino. Minha amiga Mariana sempre conta como lutou contra a ira e explosões de raiva por muitos anos, como ela se sentia triste depois de ferir o marido com suas palavras explosivas e como se sentia sem esperança de mudar.

Então, ela leu Hebreus 2, que descreve como Jesus sofreu com a tentação. Embora Ele nunca tenha pecado, Jesus lutou contra a tentação quando se tornou como nós, "semelhante a seus irmãos em todos os aspectos, de modo que pudesse ser nosso misericordioso e fiel Sumo Sacerdote diante de Deus" (v.17).

"Como Seu Espírito vive em mim", disse Mariana, "eu sabia que também poderia ser vitoriosa" (veja Romanos 8:11). Mas ela não lutou sozinha contra a sua predisposição à ira. Junto com o Espírito de Deus, ela chamou uma amiga de confiança para orar por ela e lembrá-la de sua responsabilidade.

"Eu registrava quantas vezes perdia a paciência por dia", ela me disse. "Eu sabia que a Betânia ia me ligar no final da semana e perguntar como eu tinha me saído. Depois, ela orava comigo. Comemorávamos o progresso, não a perfeição."

Na época, como uma boa jovem cristã, observei a transformação de Mariana. Isso me deu esperança e um exemplo a ser seguido enquanto eu lutava contra meus próprios desafios do pecado. Embora eu tenha caminhado com o Senhor por mais de 40 anos, ainda luto contra a tentação.

Continuo lutando com comportamentos que sei que magoam meu marido e não agradam a Deus. O exemplo de Mariana me faz lembrar que eu posso experimentar a vitória se me render ao Espírito de Deus dentro de mim e contar com a ajuda de amigos piedosos.

> Uma vez que ele próprio passou por sofrimento e tentação, é capaz de ajudar aqueles que são tentados.
> Hebreus 2:18

UM PASSO À FRENTE

Qual pecado você mais gostaria de vencer? A ira, como Mariana? Ou a preguiça? O egoísmo? Ou talvez a luxúria? Como o pecado afeta o seu casamento? Você odeia o pecado o suficiente para entregá-lo a Deus e pedir a ajuda de seu cônjuge ou de um amigo de confiança para ajudá-lo(a) a vencer essa situação?

18

Admitamos ou não, precisamos de amigos

David

Minha filha mais nova tinha uma nova melhor amiga toda semana. Às vezes, várias, se é que isso é possível. Eu gostaria de ser tão abençoado. Percebi que é muito mais difícil fazer amizade na fase adulta do que quando eu era uma criança. Naquela época, bastava um amor mútuo pelos carrinhos de brinquedo para que surgisse uma amizade eterna.

De qualquer forma, é sábio fazer o que for preciso para desenvolver e manter amizades, especialmente as cristãs. O casamento é nosso principal relacionamento, mas é importante ter amigos para manter o equilíbrio. Seu cônjuge não foi projetado para ser a sua única pessoa de apoio. A Bíblia registra muitos benefícios da amizade: ajuda em tempos de crise (veja Provérbios 18:24), companheirismo (veja 1 Samuel 18:1-4), lembrar-nos das responsabilidades (veja Provérbios 27:6), encorajamento durante as provações (veja Eclesiastes 4:9-12), conselhos sábios (veja Provérbios 27:9), opiniões honestas (veja Provérbios 24:26) e amor (veja 1 Samuel 20:17).

Davi e Jônatas tinham uma profunda amizade, pois Jônatas "amava [Davi] como a si mesmo" (1 Samuel 18:3). Paulo frequentemente se referia a seus irmãos na fé como seus queridos amigos.

À medida que envelhecemos e assumimos mais responsabilidades profissionais e familiares, nosso grupo de amigos geralmente diminui.

Sair com os amigos era fácil quando tínhamos muito tempo livre. Agora é preciso esforço e intencionalidade. Mas isso é vital para uma vida cristã dinâmica!

Se limitarmos nossa vida aos relacionamentos que temos no trabalho e com nossa família, estaremos nos privando de uma rica fonte de alegria e apoio. Logo, não é de se admirar que muitos de nós estejam tendo dificuldades na vida espiritual e pessoal.

O conselho sincero de um amigo
é agradável como perfume e incenso.
Provérbios 27:9

UM PASSO À FRENTE

Você acredita que as amizades são necessárias? Leia os versículos listados acima para ter uma ideia e depois avalie como estão as suas amizades. Você tem pelo menos um bom amigo? Em caso afirmativo, quando foi a última vez que você conversou (não "enviou" mensagens de texto, mas conversou) com ele? Se a resposta for negativa, ore e peça a Deus que lhe traga à mente alguém com quem você possa manter uma amizade em sua vida. Em seguida, faça um esforço para se conectar mais com os outros.

19

Baratas e risadas

Lori

Eu tenho pavor de insetos. Os que mais detesto são as *baratas palmetto*. Essas monstruosidades podem chegar a medir de três a quatro centímetros de comprimento e habitam a região sul do Estados Unidos. É possível ouvir seus passos… a menos que estejam voando! Eu mencionei que elas voam? Elas são famosas por se aproximarem de "vítimas desavisadas" e pousarem nelas. Pior ainda, elas fazem um barulho *crocante* quando você as esmaga. Que nojo! Isso é muito, muito nojento.

Um dia, David adquiriu uma réplica de plástico de uma barata palmetto e achou que seria divertido me aterrorizar com ela. Ele escolheu o local com cuidado — em cima do sabonete, no chuveiro — e esperou. Meu grito agudo dez minutos depois declarou que sua brincadeira tinha sido um sucesso.

A "guerra" começou. Transferi o brinquedo nojento para seu pente de cabelo, onde ele o veria logo na manhã seguinte. Ele a colocou no meu travesseiro. Eu o coloquei em um cantinho de sua marmita. Durante anos fizemos isso — até que um de nossos netos a levou embora. A barata Charlie provocou muitos gritos e muitas risadas.

Não sei se o rei Salomão teve uma guerra de baratas com alguma de suas esposas, mas ele entendia o valor de uma risada e o mencionou várias vezes em seus escritos. Nossa capacidade de rir, dada por Deus, une nosso coração e suaviza as mágoas. Algo tão pequeno quanto uma brincadeira inofensiva ou tão grande quanto ingressos para um *show* de comédia podem infundir a tão necessária leveza em nosso dia a dia.

O coração alegre é um bom remédio,
mas o espírito abatido consome as forças.
Provérbios 17:22

UM PASSO À FRENTE

Quando foi a última vez que você e seu cônjuge riram juntos? O que provocou tais risadas? O que você pode fazer hoje para instilar um pouco de alegria por meio do riso em seu casamento?

20

Confessar ou esconder?

David

Lori e eu estávamos casados há menos de um ano quando me deparei com um obstáculo. Eu havia passado da vida universitária diretamente para um emprego de nível básico em uma linha de montagem. A monotonia e a carga de trabalho me deixaram exausto e desanimado. *Se eu tivesse apenas alguns dias de folga estaria bem*, pensei. Mas o trabalho de 50 horas semanais me deixava pouquíssimo tempo para relaxar.

Um dia, menti e disse ao meu chefe que havia machucado as costas. Ele me mandou para o médico da empresa, que me deu um relaxante muscular e analgésicos. Quando Lori voltou para casa, eu estava deitado na cama tirando um cochilo. Continuei a me enganar por cerca de 36 horas, até que a preocupação de Lori e a convicção do Espírito Santo quebraram meu coração, e eu confessei o meu pecado.

Toda vez que pecamos, temos que fazer uma escolha: confessar ou esconder. Salomão, o escritor de Provérbios 28, concordou. Ele deveria saber. Seu pai, Davi, cometeu o grave pecado de se relacionar sexualmente com Bate-Seba, mulher de Urias, mas, em vez de confessá-lo, ele o ocultou. Seu pecado secreto o levou mais fundo no mal: o assassinato do marido de Bate-Seba, Urias, e a morte do bebê de Davi e Bate-Seba. Sou muito grato por Deus ter me dado a coragem de confessar meu pecado à minha esposa e ao meu chefe. Eu poderia ter perdido meu emprego, mas o Senhor fez com que meu patrão tivesse misericórdia de mim. Lori também teve. Embora eu tivesse que reconquistar sua confiança, ela me perdoou instantaneamente. O mais importante é que eu tinha um coração limpo perante o Senhor.

Quem oculta seus pecados não prospera;
quem os confessa e os abandona recebe misericórdia.
Provérbios 28:13

UM PASSO À FRENTE

Leiam juntos 2 Samuel 11. Observe a progressão do pecado de Davi. Como a história poderia ter sido diferente se Davi tivesse confessado imediatamente o seu pecado (ou, melhor ainda, se não o tivesse cometido)? Orem juntos e peçam a Deus que os ajude a confessar em vez de esconder cada vez que pecarem contra Deus e um contra o outro.

21

Como ter um dia produtivo

Lori

"Você conseguiu produzir bastante hoje?", perguntou David no final de um dos meus dias de escrita. Como divido meu tempo entre duas ocupações, a higiene dental e a escrita, reservo as segundas e as quartas-feiras para escrever meus projetos.

Alguns dias, mostro a ele minha lista de tarefas com a maioria dos campos marcados e uma carinha sorridente na parte inferior. Em outros dias, a maioria dos campos permanece desmarcado. Hoje foi um desses dias.

"Levei a Lynne para tomar um café da manhã de aniversário", eu disse. "Ela tem lutado contra o desânimo, mas hoje rimos muito. Depois descobri que meu neto Collin estava com febre, então comprei alguns picolés e levei para ele. Jéssica ligou e pediu que eu orasse por seus filhos, eles estavam magoando-a profundamente. Quando desliguei, já estava na hora de preparar o jantar para levar à casa de Mariana."

David pegou minha lista de tarefas, aquela com a maioria dos campos não marcados, desenhou um grande rosto sorridente na parte inferior e disse: "Parece-me que você fez *muita coisa* hoje".

Às vezes, preciso ser lembrada de que servir a Deus assume muitas formas diferentes. Escrever livros e artigos cristãos certamente se qualifica, mas também orar com uma amiga, agradar uma criança doente e cozinhar uma refeição para uma senhora idosa.

Paulo disse aos efésios que eles foram criados por Deus para fazer boas obras. Às vezes, esse trabalho vem com um contrato e um prazo; outras vezes, as oportunidades aparecem em nossos dias sem aviso prévio. Tudo o que Deus nos chama para fazer é valioso aos Seus olhos.

> Pois somos obra-prima de Deus, criados em Cristo Jesus a fim de realizar as boas obras que ele de antemão planejou para nós.
>
> Efésios 2:10

UM PASSO À FRENTE

Quando você pensa em servir a Deus, o que lhe vem à mente? Você pensa em ocupar uma função oficial, como professor da escola bíblica dominical, líder do ministério de mulheres ou de homens, ou ainda um membro do ministério de louvor? Pense em uma ocasião em que alguém ministrou a você de forma não oficial. Como esse ato de serviço o impactou? Orem juntos e peçam a Deus que lhes mostre as boas obras que Ele preparou para vocês fazerem hoje. Pensem em como podem apoiar um ao outro em seu trabalho concedido por Deus, ou em como podem trabalhar juntos para a glória de Deus.

22

Trave uma guerra de joelhos

David

Eu sabia que se ninguém mais estivesse orando por mim, a vovó Bia ainda estaria. Uma pentecostal devotada com o seu penteado de coque, ela amava o Senhor e me amava também.

Quando eu era adolescente, lutava para ser aceito e usava drogas e álcool para me adaptar. Nunca esquecerei o dia em que meus amigos me deixaram em casa tão bêbado que mal conseguia ficar em pé. A vovó Bia, que estava visitando o meu estado na época, abriu a porta para me deixar entrar. Ela não disse uma palavra, apenas orou mais do que nunca.

Quando entreguei minha vida a Cristo, mal podia esperar para dizer a ela: "Vovó Bia, adivinhe só!".

Ela olhou em meus olhos e disse: "Você foi salvo, não foi?". Ela me abraçou e me apertou com tanta força que a respiração saiu de meus pulmões. Em seguida, levantou as mãos, ergueu a voz em louvor e dançou feliz, ali mesmo, no meio de sua cozinha.

A vovó Bia usou uma das armas espirituais mais poderosas disponíveis em meu favor, uma arma capaz de demolir fortalezas espirituais e derrotar as mentiras em que eu acreditava (veja 2 Coríntios 10:4-5). Ela sabia, assim como o apóstolo Paulo, que "não lutamos conforme os padrões humanos" (v.3).

Lori e eu continuamos o legado da vovó Bia. Todas as manhãs, oramos por nossos filhos, netos e gerações futuras. Pedimos a Deus que os chame para si, para a salvação deles, para que Ele venha moldá-los à Sua imagem e usá-los como luzes neste mundo tenebroso. A boa obra começou com a vovó Bia e nós acreditamos que Deus continuará a fazê-la em nossa família.

> Usamos as armas poderosas de Deus, e não as armas do mundo, para derrubar as fortalezas do raciocínio humano e acabar com os falsos argumentos. Destruímos todas as opiniões arrogantes que impedem as pessoas de conhecer a Deus.
>
> 2 Coríntios 10:4-5

UM PASSO À FRENTE

Algum membro da família ou amigo orava por você antes de você vir a Cristo? Considere o impacto que as orações deles tiveram em sua vida. Mesmo que ninguém tenha orado por você (que você saiba), você pode ser essa pessoa para outra pessoa. Se ainda não o fizerem, comprometam-se a orar juntos regularmente por seus filhos, netos ou outros jovens que precisam do Senhor.

23

Procurando amigos nos lugares errados

Lori

David e eu não víamos a hora de ter nossa própria casa para que pudéssemos estender nossa hospitalidade. Imaginávamos compartilhar comida, risadas e incentivo espiritual com outros jovens casais. O problema é que não havia ninguém que parecesse interessado. Um casal aceitou nosso convite para jantar, mas não retribuiu o convite. Outro casal concordou em vir, mas não apareceu (esse foi um jantar triste e solitário). Outros estavam simplesmente muito ocupados para se reunir.

Depois de alguns meses de tentativas de contato, ficamos desanimados. Então lemos Tiago 2:1-9, que adverte os seguidores de Jesus a não honrarem os ricos e marginalizarem os pobres em suas reuniões. Embora não estivéssemos favorecendo os ricos em detrimento dos pobres, havíamos limitado nossos convites a jovens casais e profissionais como nós. Estávamos demonstrando favoritismo? Ou simplesmente algum tipo de miopia?

Em vez de continuar indo atrás daqueles que não pareciam querer a comunhão, procuramos aqueles que queriam. Convidamos Tim, um recém-convertido, para almoçar em nossa casa no domingo. Procuramos Tom, outra pessoa que acabara de começar a frequentar nossa igreja. E começamos a conhecer outras pessoas, como Dan, um homem divorciado de idade mais avançada que fazia parte de nossa comunidade. Durante dois anos, ministramos para rapazes solteiros que ansiavam por amizade, companheirismo e discipulado. E sentimos que agradamos a Deus. Tiago declara: “Sem dúvida vocês fazem bem quando obedecem à lei do reino conforme dizem as Escrituras: ‘Ame o seu próximo como a si mesmo’” (2:8).

Somos muito gratos por Deus ter aberto nossos olhos às pessoas incríveis que poderíamos ter ignorado se não fosse o lembrete de Tiago para não mostrarmos favoritismo. Por Deus ter aberto nossos olhos, fizemos amigos para toda a vida e crescemos todos juntos na fé em Cristo.

> Meus irmãos, como podem afirmar que têm fé
> em nosso glorioso Senhor Jesus Cristo
> se mostram favorecimento a algumas pessoas?
> Tiago 2:1

UM PASSO À FRENTE

Como casal, com quem vocês costumam sair? Quando foi a última vez que vocês se aproximaram de alguém novo? Quem, em seu círculo de influência, pode está precisando de comunhão cristã? Planeje algo em grupo assim que puder.

24

Usamos o nome de Deus em vão?

David

Uma das vantagens de trabalhar em uma concessionária de automóveis é poder dirigir carros novos. A cada ano, a concessionária escolhe dois ou três veículos, envelopa-os com o nome e o logotipo da empresa e permite que eu os dirija pela cidade atendendo aos clientes. Já dirigi carros esportivos com apenas 30 quilômetros rodados e sedãs de luxo com recursos de automação e conforto de alta tecnologia. No final do dia, entro novamente em meu modesto carro, um modelo de 2007, e dirijo para casa.

Tenho vergonha de admitir que, às vezes, dirijo o carro da empresa de forma diferente da que dirijo o meu próprio carro. O fato de ter o nome do meu chefe estampado em todo o veículo me torna mais cortês, cumpro melhor a lei e sou mais cauteloso. Sei que minha direção, boa ou ruim, reflete no meu empregador e quero deixar uma boa impressão.

Em Êxodo 20, Deus deu os dez mandamentos. O quarto nos adverte a não usar "o nome do SENHOR, seu Deus, de forma indevida" (v.7). Muitos acham que isso significa que não devemos usar o nome de Deus como uma ofensa, entretanto, uma interpretação mais precisa é a de que não devemos alegar que somos cristãos ou assumir o nome de Deus enquanto continuamos a agir como incrédulos.

Quando dirijo o carro do meu patrão, levo o nome dele para onde quer que eu vá. Quando aceitei Cristo como meu Salvador, Ele me adotou em Sua família e me deu Seu nome. Meu comportamento, seja ele bom ou ruim, reflete nele. Por isso, quero refletir com precisão o caráter, os caminhos e a Palavra de Deus. Jamais quero desonrar o Seu nome.

> Não use o nome do SENHOR, seu Deus,
> de forma indevida. O SENHOR não deixará impune
> quem usar o nome dele de forma indevida.
> Êxodo 20:7

UM PASSO À FRENTE

Pense na reputação de sua família. Seu pai ou sua mãe alguma vez lhe disse para lembrar que você era um Silva, um Meireles ou um Rodrigues? Agora que você se casou, por qual tipo de reputação gostaria que sua família fosse conhecida? Fale sobre o que significa levar o nome de Deus por onde quer que formos. Que mudanças Deus está chamando você a fazer em seu discurso ou ações para ser um reflexo mais preciso da família de Deus?

25

O propósito mais elevado de nossa família

Lori

Quando matriculei nossas filhas em aulas sobre a natureza no parque estadual, nunca imaginei que essa seria uma experiência que mudaria nossa vida. Logo nos afeiçoamos por Tammy, a guarda florestal e naturalista residente que conduzia a maioria das aulas, caminhadas e acampamentos. Sua paixão pela natureza e pelas criaturas que habitam nosso mundo era encantadora e contagiante.

À medida que fomos conhecendo Tammy, passamos a amá-la. E nos perguntamos se ela compartilhava de nossa fé. Ela respeitava nossa crença em Deus, mas será que tinha um relacionamento pessoal com Ele?

Certa noite, após um passeio para observar corujas, nós a convidamos para o nosso acampamento para comer conosco. Antes de ir embora, pedimos a ela que fosse à igreja conosco. Para nossa alegria, ela aceitou. Nós a convidamos para visitar nossa casa após o culto e compartilhamos o evangelho com fatias de torta de maçã.

Tammy se mudou logo depois. Entretanto, anos mais tarde a encontramos em um evento no parque. "Obrigada por me receberem em sua casa e em sua vida", disse ela. "Vocês ficarão felizes em saber que me filiei a uma igreja e que serei batizada em breve."

No mistério de Sua providência, Deus escolhe espalhar o evangelho por meio de seguidores de Jesus como nós. Somos Seus embaixadores, e os casais e famílias cristãs são uma parte fundamental de Sua estratégia. Ele usou a família de Abraão e Sara para se revelar ao mundo (veja Gênesis 12:3). Ele usou casais como Priscila e Áquila para discipular novos convertidos (veja Atos 18:24-26). E o Senhor usou nossa família para conduzir uma jovem naturalista ao nosso incrível Deus criador.

> Agora, portanto, somos embaixadores de Cristo;
> Deus faz seu apelo por nosso intermédio.
> 2 Coríntios 5:20

UM PASSO À FRENTE

Você já pensou em sua família como embaixadores de Cristo? Como vocês podem trabalhar juntos, como casal, a fim de compartilhar Jesus em seu círculo de influência? Conversem sobre quem precisa ser amado no Reino. Pensem em maneiras de chegar até eles e confiem em Deus para oferecer oportunidades de compartilhar a fé de vocês.

26

Combate à síndrome de 95/5

David

Se você me entregasse uma caneta e um pedaço de papel e me pedisse para listar tudo o que está errado em minha vida, eu poderia preencher a página em minutos. Não tenho dificuldade em lembrar de cada desafio no trabalho e no relacionamento, de problemas financeiros, de dificuldades espirituais e de doença física em minha vida. Eu também poderia listar as coisas que eu gostaria que fossem diferentes: eu amaria ser mais magro e ser um melhor jogador de golfe.

Luto (muitas vezes sem sucesso) contra minha tendência de me concentrar no que não tenho e ignorar o que tenho. Eu a chamo de síndrome 95/5: 95% da minha vida pode estar indo bem, mas eu me concentro nos 5% que gostaria que fossem diferentes. É por isso que considero as palavras do apóstolo Paulo a Timóteo tão desafiadoras. Escrevendo da prisão para o jovem pastor de Éfeso, Paulo lembrou Timóteo de se contentar com o que Deus havia lhe dado. O descontentamento gera ciúme, inveja e amargura e pode até fazer com que nos afastemos da fé.

Tenho de lutar pelo contentamento. Descobri que, quando me concentro nas dádivas com as quais Deus encheu minha vida (os 95%) em vez de ficar me lamentando pelas coisas que Ele não me deu (os 5%), tenho mais chances de vencer a batalha. Quando escolho o contentamento, ganho um tesouro muito maior do que qualquer coisa que o dinheiro pode comprar.

> No entanto, a devoção acompanhada
> de contentamento é, em si mesma, grande riqueza.
> 1 Timóteo 6:6

UM PASSO À FRENTE

Com que frequência você sofre da síndrome 95/5? Você é alguém grato ou rabugento? Programe um cronômetro com cinco minutos e convide seu cônjuge para compartilharem um com o outro motivos pelos quais vocês são gratos em sua vida, incluindo coisas sobre seu cônjuge e o relacionamento entre vocês. Ao longo do dia, sempre que se pegar resmungando, substitua o pensamento de descontentamento por um de satisfação.

27

Sozinho você não consegue

Lori

Nosso neto, na época com 2 anos, estava se esforçando para acompanhar as crianças maiores no parque. Ele observou suas irmãs agarrarem o apoio, posicionarem os pés no suporte e seguirem até o final da minitirolesa.

"Andrew, você precisa de ajuda?".

"Não, vovó, eu consigo", disse ele com uma firme sacudida de cabeça.

Só que ele não conseguiu. Ele não foi rápido o suficiente para agarrar o apoio quando ele veio em sua direção, e suas pernas eram muito curtas para alcançar o suporte. Depois de muitas tentativas fracassadas, ele olhou para mim com frustração e disse as palavras que eu tanto queria ouvir:

"Vovó, ajude-me!".

Eu me pergunto quantas vezes Deus me observa lutando e espera que eu estenda a mão para que Ele me ajude. Quantas vezes será que eu digo: "Não, obrigada. Eu resolvo isso!"?

Embora a independência de uma criança de 2 anos seja saudável e apropriada, não quero nunca me tornar tão autossuficiente a ponto de não incluir Deus em todas as atividades do meu dia, quer eu ache que posso lidar com elas ou não. No discurso de Paulo aos atenienses, ele declarou que Deus "dá vida e fôlego a tudo, e supre cada necessidade. [...] Seu propósito era que as nações buscassem a Deus e, tateando, talvez viessem a encontrá-lo, embora ele não esteja longe de nenhum de nós" (Atos 17:25,27).

Deus deseja ardentemente nos fortalecer. Podemos até lutar sozinhos, mas, com a ajuda de Deus, podemos "voar mais alto".

Pois nele vivemos, nos movemos e existimos.
Atos 17:28

UM PASSO À FRENTE

Pense por um momento sobre a independência. Quando ela é boa? Quando ela pode ser ruim? Como é ser dependente de Deus? Em que área de sua vida você pode praticar mais a confiança em Deus? Compartilhem seus pensamentos um com o outro.

28

Fechando a porta para a culpa

David

Se vivermos tempo suficiente, a culpa baterá à nossa porta. Às vezes, ela entra em nossa sala de estar e se estica no sofá. Se deixarmos, ela trará um ônibus cheio de amigas (a vergonha, o remorso e a condenação) com ela.

Não havia ônibus no primeiro século, mas o apóstolo Paulo sabia algumas coisas sobre a culpa. Sua zelosa perseguição aos cristãos e sua participação no apedrejamento de Estêvão (veja Atos 7:58) estavam entrelaçadas no tecido de seu testemunho. Ele não podia negá-las.

O apóstolo Paulo escreveu aos cristãos da Galácia: "Vocês sabem como eu era quando seguia a religião judaica, como perseguia com violência a igreja de Deus. Não media esforços para destruí-la" (Gálatas 1:13). Em seu sermão em Jerusalém, ele confessou: "Fui ao encalço dos seguidores do Caminho, perseguindo alguns até a morte, prendendo homens e mulheres e lançando-os na prisão" (Atos 22:4).

Esse apóstolo poderia ter permitido que suas ações passadas o derrotassem e o desqualificassem, mas não o fez. Ele escreveu aos cristãos filipenses: "Esquecendo-me do passado e olhando para o que está adiante, prossigo para o final da corrida, a fim de receber o prêmio celestial para o qual Deus nos chama em Cristo Jesus" (Filipenses 3:13-14).

Paulo não podia apagar seu passado, mas podia aprender e servir a Deus fielmente independente disso.

Há dias em que eu deixo a culpa entrar, quando ela bate à minha porta por causa da forma como magoei Lori. Em outros dias, com as palavras de Paulo soando em meus ouvidos, fecho a porta para a culpa e sigo em frente para a boa obra que Deus ordenou que eu fizesse.

> Esquecendo-me do passado e olhando para o que
> está adiante, prossigo para o final da corrida,
> a fim de receber o prêmio celestial para o qual
> Deus nos chama em Cristo Jesus.
> Filipenses 3:13-14

UM PASSO À FRENTE

Com que frequência a culpa faz com que você se sinta derrotado(a)? Você sente que nunca conseguirá superar os erros e as más escolhas que fez em seu casamento? Por que você acha que Deus incluiu na Bíblia o testemunho de Paulo como assassino e perseguidor de cristãos? Como sua vida poderia mudar se você aplicasse Filipenses 3:13-14?

29

Porções de graça

Lori

Cupcake, a guloseima por excelência da infância. Que criança não gosta de devorá-la? Tenho duas lembranças de infância com esses bolinhos. A primeira envolve a Sra. Viviane, uma senhora idosa que morava a três portas de nós, no mesmo conjunto de apartamentos. Normalmente mal-humorada, um dia ela nos surpreendeu com um prato de *cupcakes*. Ficamos muito alegres, até que os vimos. Eles tinham uma cobertura tão rala que a massa do bolinho era visível. Quase como se ela tivesse espalhado o glacê por cima e depois retirado a maior parte dele.

A outra são os bolinhos da vovó, eles jamais nos decepcionaram. Ela pegava a espátula, mergulhava fundo na tigela de glacê e os cobria muito bem. Ela colocava tanta cobertura por cima deles que os bolinhos tombavam se os colocássemos na mesa.

Pensei nos bolinhos com cobertura da vovó quando li Efésios 1:5-7, onde Paulo descreve a maneira extravagante como Deus derramou Seu favor imerecido sobre nós. Ele nos adotou "como filhos" (v.5), "comprou nossa liberdade" (v.7) e "perdoou nossos pecados" (v.7). Ele não apenas espalhou um pouco de graça sobre nossos pecados; Ele a *derramou* sobre nós.

Receber essa graça deve definir o tom de nossas interações com nosso cônjuge. Quando nosso cônjuge erra, ficamos remoendo o erro ou o cobrimos com graça? Quando um de nós fere os sentimentos do outro, agimos como se estivéssemos ofendidos ou colocamos uma generosa porção de perdão sobre a transgressão dele ou dela? Quando nosso cônjuge nos decepciona, publicamos o fato nas mídias sociais ou o cobrimos com uma generosa porção de graça? Assim como recebemos, que também possamos conceder graça a outros.

> Ele nos predestinou para si, para nos adotar
> como filhos por meio de Jesus Cristo, conforme
> o bom propósito de sua vontade. Deus assim
> o fez para o louvor de sua graça gloriosa, que ele
> derramou sobre nós em seu Filho amado.
> Efésios 1:5-6

UM PASSO À FRENTE

Leiam juntos Efésios 1:3-8. Sublinhe os exemplos de dons que Deus concedeu aos Seus filhos. À luz de Sua generosa graça para conosco, procurem uma oportunidade hoje de conceder graça semelhante um ao outro.

30

Luz de velas

David

Eu tive o privilégio de servir como missionário de verão em uma igreja local em Los Angeles, Califórnia, com um grupo universitário. Certo dia, o pastor, o Reverendo E. V. Hill, compartilhou uma experiência de seus primeiros anos de casamento.

Uma série de decisões comerciais ruins deixou o dinheiro escasso e as perspectivas igualmente reduzidas. Certa noite, depois de um dia particularmente desanimador, ele chegou em casa e descobriu que sua esposa havia colocado a mesa de jantar com velas e seus melhores pratos. Ela o recebeu com um abraço e um sorriso dizendo: "Sente-se e coma. Sei que você teve um longo dia".

Quando ele entrou no banheiro para lavar as mãos, descobriu a verdade: a eletricidade havia sido cortada. Ela lhe disse: "Eu não queria que você soubesse que cortaram a luz, porque você trabalha muito". Com a voz embargada pela emoção, ele continuou: "Ela poderia ter me respondido com palavras de ira, condenação ou medo", disse o Reverendo Hill. "Mas, em vez disso, ela pegou uma situação ruim e deu um toque positivo a ela. Ela conhecia meu frágil coração, ela não me feriu quando eu estava no chão."

Talvez seja isso que o apóstolo Paulo quis dizer quando escreveu aquelas famosas palavras de 1 Coríntios 13 que todos amam citar em casamentos. Entre outras qualidades do amor maduro, ele conclamou os cristãos a honrarem uns aos outros e a não manterem registro de erros, não sendo "rancorosos" (v.5). Acima de tudo, o verdadeiro amor guarda com diligência altruísta o espírito e o coração daqueles que amamos.

> O amor nunca desiste, nunca perde a fé,
> sempre tem esperança e sempre se mantém firme.
> 1 Coríntios 13:7

UM PASSO À FRENTE

Você consegue se lembrar de uma ocasião em que seu cônjuge poderia tê-lo(a) derrubado(a), mas, em vez disso, ele(a) lhe fortaleceu? Como você se sentiu com isso? Pergunte ao seu cônjuge em que área ele(a) está lutando ou tendo dificuldades hoje e, em seguida, procure uma oportunidade de dizer palavras de esperança e confiança para ele(a).

31

Estamos perdendo uma bênção?

Lori

Quando nova convertida, eu me sentia bastante intimidada pelo Antigo Testamento. O pequeno livro de Rute, de quatro capítulos, no entanto, parecia amigável e fácil de manejar. Quando descobri que o livro tinha todos os elementos de uma história de amor de Hollywood, fui fisgada. Heroína trágica, herói rico, um obstáculo intransponível e uma sogra amarga.

Espere, o quê? A maioria das histórias de amor hollywoodiana não tem sogras como atrizes coadjuvantes. Mas as histórias de amor da vida real têm. Talvez essa seja uma das razões pelas quais Deus incluiu a história de Rute (e de sua sogra, Noemi) na Bíblia.

O livro de Rute revela o poder e a beleza do que pode acontecer quando honramos nossos sogros. Noemi tornou-se amarga devido às dificuldades que havia sofrido (veja Rute 1:20), mas Rute a tratou com bondade. Ela estava frágil, mas Rute a serviu. Ela lutou para manter sua fé (v.21), e Rute a encorajou.

Aos poucos, o coração de Naomi foi se curando. Ela começou a sentir esperança novamente. Noemi deu conselhos inteligentes (3:1-4), aos quais Rute ouviu (v.5). Deus abençoou Rute por ela ter honrado Noemi.

Quando olho para trás e vejo meu relacionamento com minha falecida sogra, gostaria de ter falado menos, ouvido mais e pedido sua opinião e discernimento. Ela conhecia meu marido (o filho dela) melhor do que ninguém. Quem sabe que tesouros eu deixei de descobrir?

Se a sua sogra (ou sogro) estiverem vivos, faça o possível para cultivar um relacionamento saudável com eles. Trate-os com bondade e respeito. Você não gostaria de ser descrito(a) como as amigas de Noemi descreveram Rute: "Sua nora, que a ama e que tem sido melhor para você do que sete filhos" (4:15)?

> "Eu sei", respondeu Boaz. "Mas também sei de tudo que você fez por sua sogra [...]. Que o Senhor, o Deus de Israel, sob cujas asas você veio se refugiar, a recompense ricamente pelo que você fez."
>
> Rute 2:11-12

UM PASSO À FRENTE

Como você descreveria seu relacionamento com seus sogros? Ótimo? Bom? Poderia ser melhor? Faça uma lista de formas que você pode ser gentil e respeitoso(a) com eles. Leia o livro de Rute (são apenas quatro capítulos) para obter mais ideias. Observe os resultados a longo prazo da bondade de Rute para com sua sogra.

32

Examine seu mau humor

David

"Desculpe-me por ser tão irritante", disse-me Lori certa manhã.

Ela havia feito algo na noite anterior que normalmente não me incomodaria, mas dessa vez incomodou. Eu havia reagido de forma indelicada. Aparentemente isso a incomodou durante toda a noite.

"Você não está incomodando", eu disse. "Eu só estava mal-humorado."

Com que frequência isso acontece em sua casa? Se você for como eu, com mais frequência do que gostaria de admitir. As pessoas no trabalho irritam você ou o trânsito testa seu limite. O projeto no qual você estava trabalhando tem um obstáculo ou o carro enguiça na via pública. Quando você chega em casa, suas emoções estão chegando ao ponto de entrarem em erupção. Qualquer coisa que seu cônjuge diga ou faça adicionará mais um elemento de irritação.

Por isso, você acaba explodindo.

Fico imaginando quantas mágoas poderíamos evitar se nosso espírito tivesse um sensor de temperatura, tal como os carros, mas que medisse nossa irritação. Quando o sensor chegasse próximo da zona de perigo, uma luz vermelha piscaria, alertando-nos (e as pessoas ao nosso redor) sobre a necessidade de esfriar a cabeça para evitar explodir e ferir alguém.

Não temos um sensor de temperatura, mas temos algo melhor: o lembrete do apóstolo Paulo para "[sermos] bondosos e [termos] compaixão uns dos outros" (Efésios 4:32), e o Espírito Santo que nos capacita a fazer isso. Equipados com esses dois dispositivos de segurança, podemos reconhecer quando estamos muito sensíveis e tomar precauções. Se estamos com um humor explosivo, podemos nos desculpar rapidamente para minimizar os danos. Ao fazermos isso, honramos a Deus e a nosso cônjuge e protegemos os inocentes espectadores.

Sejam bondosos e tenham compaixão uns dos outros.
Efésios 4:32

UM PASSO À FRENTE

Como a identificação da verdadeira fonte de seu mau humor pode ajudá-lo(a) a lidar melhor com isso? Se você avisasse seu cônjuge quando tivesse um dia ruim, como acha que isso afetaria a maneira como ele(a) interage com você? Melhor ainda, assim que você sentir a temperatura de seu mau humor aumentando, pense em maneiras de esfriar a cabeça antes de voltar para casa.

33

Doando de forma sacrificial

Lori

Quando estávamos namorando, David contou que não via a hora de voltar da faculdade para lavar suas roupas e cortar o cabelo. "Eu tinha dinheiro", disse ele, "até que um missionário falou durante o culto. Fiquei impressionado com seu testemunho e doei tudo o que tinha em minha carteira para seu ministério".

Na época, eu era nova convertida e egoísta. Não conseguia me imaginar doando todo o meu dinheiro para nada, nem mesmo para uma boa causa. Se eu tivesse ouvido aquele palestrante, teria calculado minhas despesas do mês, adicionado um pouco de reserva para o inesperado e, então, *talvez*, doado o que restasse.

Minha abordagem não era muito bíblica. Embora Deus nunca nos chame para sermos descuidados e doarmos o dinheiro que devemos aos outros ou que nossa família precisa para sobreviver, Ele nos convida a doar de forma sacrificial. Paulo elogiou os cristãos da Macedônia por darem "não apenas o que podiam, mas muito além disso" (2 Coríntios 8:3). Embora estivessem em situação de pobreza, eles "suplicaram repetidamente o privilégio de participar da oferta ao povo santo" (v.4).

O coração generoso dos cristãos da Macedônia serviu como um exemplo poderoso para os filipenses. O exemplo de David teve um impacto semelhante em mim. Ao observá-lo doar de forma sacrificial e ver como

Deus atendeu às suas necessidades, sinto-me cada vez mais inspirada a confiar em Deus.

Agora, depois de quase 40 anos juntos, tenho o prazer de informar que, às vezes, sou eu, e não ele, o primeiro a dizer: "Vamos doar".

> Elas têm sido provadas com muitas aflições, mas sua grande alegria e extrema pobreza transbordaram em rica generosidade. Posso testemunhar que deram não apenas o que podiam, mas muito além disso, e o fizeram por iniciativa própria.
>
> 2 Coríntios 8:2-3

UM PASSO À FRENTE

Você já fez uma doação generosa para uma igreja, um ministério ou uma pessoa? Descreva as circunstâncias. Por que você acha que temos medo de doar? Leiam juntos 2 Coríntios 8:1-15 e conversem sobre isso.

34

Nossa fonte segura de sabedoria

David

Amo a ousadia do meu neto. Ele acha que é o dono do mundo e que sabe como fazer tudo. Por exemplo, em nosso projeto de fazer uma casa para passarinhos, André, aos 4 anos, agia como se soubesse exatamente como as tábuas se encaixavam e quais parafusos eram colocados em determinados orifícios. E, ainda, quais ferramenta que ele deveria usar para cada etapa do projeto.

Só que ele não sabia. O que parecia certo aos olhos desse menino de 4 anos não era realmente o certo. Ele nunca construiu uma casinha para pássaros. Não sabia a diferença entre uma chave de fenda tradicional e uma chave *Philips*. Ele também não tinha a precisão necessária para acertar um prego sem entortá-lo.

André não está sozinho nisso. Todos nós achamos que sabemos como caminhar pela vida. Já Salomão acertou em cheio (o trocadilho foi proposital) quando declarou: "Há caminhos que a pessoa considera corretos, mas que acabam levando à estrada da morte" (Provérbios 14:12).

Nem sempre sei qual é a melhor maneira de lidar com os desafios da dinâmica familiar ou de liderar bem como marido. Tenho dificuldade para saber como viver em nossa cultura conturbada ou tomar decisões importantes na vida. Se depender de meu próprio conhecimento e experiência, fracassarei. Preciso da sabedoria de Deus.

Felizmente, Deus não nos deixou para descobrir por nós mesmos. Ele nos proveu com Sua Palavra. Direta ou indiretamente, a Bíblia contém toda a sabedoria da qual precisamos para caminhar com sucesso pela vida.

Uma das melhores partes do crescimento é perceber o quanto não sabemos. Quando conhecermos mais sobre a maior fonte de sabedoria, Deus, estaremos no caminho certo para nos tornarmos verdadeiramente sábios.

Há caminhos que a pessoa considera corretos, mas que acabam levando à estrada da morte.
Provérbios 14:12

UM PASSO À FRENTE

Fale sobre uma ocasião em que a sabedoria humana falhou com você. Como o resultado poderia ter sido diferente se você tivesse buscado o conselho bíblico ou de amigos piedosos? Quando têm uma decisão a tomar como casal, vocês costumam orar juntos e pedir a Deus que os guie? Leia Tiago 1:5 e peça a Deus que dê a você e ao seu cônjuge a sabedoria necessária para navegar em qualquer fase da vida em que se encontrem. Em seguida, leia a sua Bíblia e faça o que o Senhor lhe disser.

35

Limpando caminho para a grandeza

Lori

David teve vários momentos de herói durante nossos quase 40 anos de casamento, mas o seu "resgate do molho chili" foi excepcional.

Comíamos muito cachorro-quente nos primeiros anos de casados, e quinta-feira era a noite do cachorro-quente. Quando tirei uma tigela de chili do micro-ondas, ela estava mais quente do que eu pensava.

CREC! A tigela caiu no chão e espalhou chili pela cozinha, teto e tudo. Se, na época, policiais tivessem vindo investigar, eles teriam enviado a equipe forense. Um líquido vermelho grosso escorreu desde o teto, deslizando pelas paredes até o chão.

Impressionada com a magnitude da bagunça, eu me descontrolei. Mas David não. Ele encheu um balde com água e sabão e começou a limpar. Passou o esfregão no chão, no teto e nas paredes. Logo, todos os vestígios do molho desapareceram.

Eu já amava meu marido, mas aquela noite tirou qualquer dúvida.

David exemplificou o que Jesus ensinou aos Seus discípulos. Quando Tiago e João disputaram por posições de destaque em Seu futuro Reino, Jesus revelou o segredo da grandeza: a humilde do serviço. "Pois nem mesmo o Filho do Homem veio para ser servido, mas para servir e dar sua vida em resgate por muitos" (Marcos 10:45).

Meu marido poderia ter me deixado limpando a bagunça, mas, em vez disso, ele pegou um esfregão e começou a limpar. Seu humilde ato mereceu minha gratidão e o aproximou do exemplo dado por Jesus.

> Quem quiser ser o líder entre vocês, que seja servo.
> Marcos 10:43

UM PASSO À FRENTE

Quando foi a última vez que você se sentiu sobrecarregado e alguém veio em seu socorro? Hoje, peçam a Deus que lhes dê olhos para ver as necessidades um do outro e disposição para se servirem mutuamente.

36

Atenção ao que importa

David

O gestor de uma rede de restaurantes da Geórgia, conhecida por seus sanduíches de frango, causou alvoroço quando introduziu uma política de uso de celulares em seu restaurante. Ele colocou em cada uma das mesas uma pequena caixa quadrada, chamada de "gaiolinha para celulares", com este desafio: "Desfrute de uma refeição sem a distração dos celulares e ganhe um sorvete".

Eu aplaudo a atitude desse homem. Pergunto-me se ele não estaria lendo as palavras do Salmo 119. Embora o salmista não precisasse dizer às pessoas que guardassem seus celulares quando estivessem à mesa, ele pode ter pensado em distrações quando escreveu: "Desvia meus olhos de coisas inúteis" (v.37).

Muitas vezes, perdemos a vida que acontece à nossa frente porque nossos olhos estão grudados em coisas sem valor. Vi um grupo de estudantes do Ensino Médio andando juntos, ou quase isso. Todos estavam de cabeça encurvada e com os polegares grudados no celular. Vi pessoas negligenciarem o cônjuge ou os filhos enquanto perseguiam um *hobby* ou um interesse temporário. E eu não estou imune a isso, pois gasto tempo demais com coisas que não terão importância na eternidade.

Tiago 4:14 nos diz que a vida é passageira. Os filhos crescem. Os cônjuges morrem. As oportunidades de se reunir com amigos e familiares são raras. Quer precisemos deixar o telefone em uma caixa, limitar nosso consumo de mídia ou deixar o livro de lado, a sabedoria nos diz para voltarmos toda a nossa atenção à vida real e às pessoas reais que Deus colocou à nossa frente.

> Desvia meus olhos de coisas inúteis.
>
> Salmo 119:37

UM PASSO À FRENTE

Você está desperdiçando a vida que acontece à sua frente por passar muito tempo distraído com coisas inúteis? Tenha parâmetros saudáveis para proteger seu tempo a dois. E (gentilmente) responsabilizem-se um pelo outro. Façam um esforço especial para dar regularmente a sua atenção ao seu cônjuge.

37

Palavras de ânimo

Lori

"Você está fazendo um bom trabalho com seus filhos. Estou orgulhosa de você!".

Eu tinha trinta e poucos anos quando minha mãe me disse isso. *Ah, como meu coração se aqueceu ao ouvir suas palavras.*

Não conheço ninguém que não goste de ouvir palavras de aprovação, especialmente de seus pais. Alguns pais e mães são generosos em seus elogios. Os meus sempre foram verbalmente econômicos (embora tenham se tornado mais generosos com o passar dos anos). Cada vez que eles me abençoavam com um "muito bem!", eu guardava tais palavras em um lugar secreto do meu coração. Agora, de tempos em tempos, eu as tiro de lá e usufruo da beleza delas.

Ao contrário da mentalidade atual de elogiar tudo, seja o que for, sem pesar se tal elogio é digno ou não, o elogio genuíno, atencioso e específico é um presente poderoso. No entanto, por mais que eu goste de receber elogios, às vezes me esqueço de fazê-los. Suspeito que não estou sozinha nisso. Paulo, em sua carta aos efésios, lembrou a eles que deviam edificar uns aos outros de forma saudável, proferindo palavras de aprovação cuidadosamente escolhidas.

Podemos demonstrar aprovação para as pessoas ao nosso redor. Quero procurar intencionalmente coisas louváveis para elogiar meus filhos, colegas de trabalho, outros membros da igreja, estranhos e, é claro, meu cônjuge. Em um mundo onde se anseia por bondade e graça, nós, cristãos, podemos usar as palavras como uma força positiva para o bem na vida das pessoas ao nosso redor.

> Evitem o linguajar sujo e insultante.
> Que todas as suas palavras sejam boas e úteis,
> a fim de dar ânimo àqueles que as ouvirem.
> Efésios 4:29

UM PASSO À FRENTE

Seus pais são (ou foram) rápidos em proferir palavras de elogio genuíno a você? Que efeito isso teve em sua vida? Com que frequência você procura maneiras de demonstrar aprovação genuína ao seu cônjuge? Comprometa-se a dizer palavras de elogio a seu marido ou esposa hoje. Depois, faça isso novamente amanhã.

38

Desempenho espiritual: Fardo ou prazer?

David

Quando eu cri e me converti, meu mentor tratou de se certificar de que eu entendesse que não há como uma pessoa conquistar a salvação e tampouco merecê-la, pois a salvação é uma dádiva de Deus (veja Efésios 2:8-9).

Eu entendia, mas tinha dificuldade para compreender como as boas obras se encaixavam nesse quadro. Eu sabia que os seguidores de Jesus deveriam obedecer a Deus, então supunha que meu desempenho determinava o quanto Ele me amaria, protegeria e abençoaria.

Eu tentava agradá-lo com minhas obras, mesmo assim aconteciam coisas ruins. Aparentemente, eu não estava fazendo o suficiente. Eu deveria servir melhor a minha esposa? Doar mais para a igreja? Assumir mais um ministério? O fardo do desempenho espiritual tornou-se mais do que eu podia suportar.

Então li Mateus 11:28, o qual diz que Cristo convida os que estão cansados e sobrecarregados a irem a Ele para descansar. Percebi que, assim como eu não conseguia suportar o fardo do meu pecado como incrédulo, não conseguia suportar o fardo do serviço perfeito como cristão.

E eu não precisava fazer isso dessa forma! Os cristãos não obedecem a Deus para ganhar Seu favor. Nós o obedecemos para demonstrar o nosso amor a Ele. Nossa vida justa serve como um agradecimento a Deus pelo que Ele fez e faz por nós.

Saber que Deus me amou em minha condição mais miserável (veja Romanos 5:8) e que continua a me amar em minhas tentativas sempre imperfeitas de segui-lo me ajuda a descansar na segurança do amor dele.

> Venham a mim todos vocês que estão cansados e sobrecarregados, e eu lhes darei descanso.
> Mateus 11:28

UM PASSO À FRENTE

Reserve um momento para examinar suas razões para servir a Deus (e ao seu cônjuge). Você os serve para ganhar o amor deles? Ou por que você os ama? Leiam juntos Mateus 11:28-30 e reflitam a respeito das instruções de Jesus sobre como encontrar descanso para a alma de vocês. Compartilhem um com o outro os pontos de sua vida em que talvez precisem deixar de lado os fardos que carregam.

39

Não se trata apenas do que você diz

Lori

Sempre admirei a rainha Ester. Lá estava ela, prestes a ser aniquilada junto com toda a nação judaica, e planejou não um, mas dois jantares. Depois, esperou pacientemente até que chegasse a hora certa de implorar por sua vida e pela de seu povo.

Que mulher faz isso? Se eu fosse Ester e descobrisse que um homem louco planejava assassinar a mim e a toda a minha família, correria aos gritos para o meu marido-rei assim que soubesse da trama.

Há uma razão pela qual Deus colocou Ester, e não eu, Lori, no palácio real naquela época (além do fato de eu ser luso-italiana, não judia). Com minha tendência a ser mais reativa, eu teria decidido o destino da nação de Israel para sempre, e não de uma maneira boa. Felizmente, podemos estudar o sucesso de Ester (em vez de meus erros) e aprender com ele.

Primeiro, Ester regou sua conversa com oração (veja Ester 4:16). Ela não apenas orou, mas pediu a outros judeus que orassem com ela e por ela. Segundo, ela escolheu o momento certo. Ela sabia que o tempo era crucial. Se Ester não tivesse demonstrado autocontrole e se aproximado do marido na hora errada, poderia ter sido um desastre (4:11; 5:1). Terceiro, ela conhecia as preferências e a disposição do marido. Ela sabia que ele estaria mais disposto a ouvir quando estivesse descansado, bem alimentado e honrado (5:4). Por fim, ela fez o seu pedido com respeito (7:3).

Deus usou a abordagem de oração de Ester para salvar a vida dela e a de seu povo. O que será que Deus fará por meio de nós se aplicarmos a sabedoria de Ester em nossas desafiadoras situações?

No terceiro dia do jejum, Ester vestiu seus trajes reais e entrou no pátio interno do palácio, em frente do salão do rei.
Ester 5:1

UM PASSO À FRENTE

Pense em uma conversa difícil que você teve recentemente. Você usou algum dos métodos de Ester? Qual entre os métodos usados — oração, tempo, cuidado personalizado ou respeito — pode ser o mais útil na próxima vez que você tiver uma conversa difícil com o seu cônjuge?

40

Amizade inspirada em Tito 2

David

Ronaldo e Línea tinham acabado de se mudar para a cidade quando Lori e eu batemos em sua porta e os convidamos para ir à igreja. À primeira vista, tínhamos pouco em comum. Eles eram mais velhos e estavam casados há quase 15 anos. Éramos recém-casados, digo, éramos recém-casados *mesmo* — ainda não tínhamos terminado um tubo de pasta de dente. Eles já tinham filhos, e nós ainda não. Mas todos nós éramos cristãos e tínhamos a mesma fome por amizades.

O que começou com um simples convite logo se transformou em uma amizade tal como em Tito 2. Lori e eu éramos cristãos de primeira geração e não tínhamos crescido com exemplos piedosos. O apóstolo Paulo, escrevendo para seu colega mais jovem, Tito, o desafiou a ensinar "a sã doutrina" (v.1 NAA), exortar os homens mais velhos a "exercitar o autocontrole" (v.2), incentivar os mais jovens "a viver com sabedoria" (v.6), e encorajar as mulheres mais velhas "a viver de modo digno" (v.3) e a instruir as "mais jovens a amar o marido e os filhos" (v.4). Ronaldo e Línea fizeram isso conosco.

Eles nos convidaram para jantar e para acampar. Línea ensinou Lori a fazer geleia de morango, feijão cozido e a torta de mirtilo mais deliciosa de todas. Ronaldo me ensinou a consertar coisas e a cuidar melhor da minha família. Eles foram um exemplo de como lidar com o casamento, ser bons amigos e servir a Deus em nossa igreja local.

Paulo disse aos coríntios: "Sejam meus imitadores, como eu sou imitador de Cristo" (1 Coríntios 11:1). E foi isso que fizemos com Ronaldo e Línea. Quando eles voltaram para o Haiti para continuar seu trabalho missionário, sabíamos que era a nossa vez de alcançar jovens casais que ansiavam por amizades e mentoria espiritual. O plano de Deus para treinar a próxima geração é viver a vida juntos.

> Você mesmo deve ser exemplo da prática de boas obras.
>
> Tito 2:7

UM PASSO À FRENTE

Olhe ao seu redor. Há um casal mais jovem em sua igreja ou círculo de convivência que poderia se beneficiar de sua amizade e experiência de vida? Ou talvez vocês sejam o casal mais jovem. Você conhece um casal cristão mais maduro que poderiam conhecer melhor e aprender com eles? Compartilhe seus pensamentos com seu cônjuge, ore e depois entre em contato.

41

Celibato ou casamento?

Lori

No século 16, os monges viviam em mosteiros porque queriam crescer em santidade e semelhança de Cristo. Martinho Lutero era um desses monges. No entanto, depois de iniciar a Reforma Protestante, ele descobriu que levar uma vida de isolamento e ascetismo não era a maneira mais eficaz de crescer em santidade, mas o casamento era.

O pastor Stephen Davey descreve Martinho e sua esposa, Catarina, como "obstinados, teimosos, opinativos e extremamente verbais".[2] O casamento e a paternidade revelaram-se rapidamente como grandes desafios, confrontando o egoísmo de Lutero. Ele reconheceu que o casamento é a escola para desenvolver o caráter.

Embora possamos nos irritar com os desafios do casamento, Provérbios 27:17 deixa claro que os relacionamentos íntimos podem ser a maior ferramenta de Deus para nos fazer crescer em santidade, isto é, se nós cooperarmos.

O casamento nos fornece oportunidades diárias de desenvolver o fruto do Espírito. Quando eu irritar o David, ele pode responder com raiva ou paciência. Quando ele ficar doente, posso demonstrar compaixão ou irritação. Cada teste de nosso caráter nos dá uma chance de nos tornarmos mais parecidos com Jesus, e isso é bom.

Como o ferro afia o ferro, assim um amigo afia o outro.
Provérbios 27:17

UM PASSO À FRENTE

Como o casamento ajudou vocês a se tornarem mais semelhantes a Cristo? Falem sobre as lições que aprenderam e o caráter que desenvolveram ao enfrentarem os desafios do casamento. Agradeçam juntos a Deus por usar seu cônjuge para realizar a obra de refinamento do Senhor em sua vida.

42

Grito de angústia

David

Muito me impressiona a rapidez com que um dia bom pode se tornar ruim.

Minhas filhas cresceram na época em que não havia coletes salva-vidas ou boias. Até aprenderem a nadar, não podiam entrar em uma piscina ou no mar sem que eu ou a Lori estivéssemos por perto. Em uma das férias de verão, levei minha filha pequena para as águas rasas de uma praia. Eu queria que ela aproveitasse o movimento das ondas e sentisse o ar do mar. Com as duas mãos firmemente ao redor de sua cintura protegida do Sol, coloquei-a em uma balsa inflável e a mantive flutuando enquanto a água se movia ao nosso redor. Percebi que, se eu andasse mais alguns metros, estaríamos além do ponto em que as ondas estavam quebrando. Lá, a água estaria mais calma, e ela realmente estava. Até que uma onda gigante veio em nossa direção. Eu sabia que seríamos tragados por ela.

Em desespero, clamei a Deus: "Senhor, ajuda-me!". Levantei minha filha o mais alto que pude acima da onda e me segurei com força. A onda passou, deixando-a ofegante e cuspindo um pouco de água, mas viva e bem.

Aprendi várias lições naquele dia. A mais importante é esta: como Deus é misericordioso e compassivo, sempre podemos clamar a Ele por ajuda, mesmo quando os problemas surgem por causa de nossas próprias escolhas ruins. Sou muito grato por Ele não nos ajudar somente quando fazemos tudo certo. Embora Ele não nos poupe de todas as consequências e, às vezes, a tragédia entre em nossa vida, Ele estende Sua misericórdia a nós mais vezes do que jamais saberemos.

> Em minha aflição, clamei ao Senhor; sim,
> pedi socorro a meu Deus. De seu santuário ele
> me ouviu; meu clamor chegou a seus ouvidos.
>
> Salmo 18:6

UM PASSO À FRENTE

Você consegue pensar em uma ocasião em que Deus foi misericordioso e o resgatou de uma situação criada por você mesmo? Compartilhem suas histórias um com o outro. Leiam juntos o Salmo 18 e agradeçam a Deus por Sua misericórdia e compaixão.

43

Prescrição divina para dormir

Lori

"Ainda temos que preparar os sucos, pendurar as decorações e preparar os prêmios", disse minha filha. Em uma das mãos, ela segurava um rolo de serpentinas de papel crepom. Na outra, ela segurava seu filho mais novo, Collin, com uma semana de idade.

"Aqui", disse eu, estendendo meus braços, "deixe-me segurar Collin". Acalmado pelo calor do sol e pelo conforto da minha presença, o bebê que se contorcia logo adormeceu profundamente.

Ele continuou dormindo, com os braços esticados e a boca aberta, durante uma guerra de balões d'água, uma cantoria desafinada de "Feliz Aniversário" e os gritos de uma dúzia de crianças felizes.

Se fosse mais velho, Collin poderia ter se preocupado com a possibilidade de sua mãe esquecer de alimentá-lo durante a festa de aniversário de suas irmãs ou que um balão d'água perdido pudesse atingi-lo. Havia a possibilidade de eu deixá-lo cair ou colocá-lo exposto ao Sol onde ele se aqueceria demais, mas nenhuma dessas preocupações perturbou seu descanso: ele estava seguro nos braços de sua avó e não tinha nada a temer.

Davi, o pastor-guerreiro, desfrutou de um sono que pode se equiparar com o de Collin. Apesar de ser caçado como um criminoso pelo obstinado rei Saul, ele escreveu: "Em paz me deitarei e dormirei, pois somente tu, SENHOR, me guardas em segurança" (Salmo 4:8). O descanso de Davi não era agitado, com movimentos bruscos, virando-se e levantando-se a cada farfalhar. Seu descanso foi uma noite inteiramente tranquila, de braços abertos e de boca aberta. Nenhuma preocupação o perturbou porque ele dormiu, seguro e protegido, nos braços de Deus.

> Em paz me deitarei e dormirei, pois somente tu,
> SENHOR, me guardas em segurança.
> Salmo 4:8

UM PASSO À FRENTE

Com que frequência as preocupações perturbam seu sono? Coloque-se no lugar de Davi por um momento. Suas razões para temer são legítimas ou exageradas? O que permitiu que ele dormisse mesmo em momentos assustadores? Revezem-se compartilhando suas preocupações e lembrando um ao outro da fidelidade e provisão de Deus. Leiam juntos o Salmo 4 e orem para que descansem na segurança de Deus.

44

Elimine a palavra com "d"

David

Eu tinha 10 anos quando meus pais se divorciaram. As sequelas da decisão deles continuam a impactar minha vida. Como vivi a dor dessa escolha, Lori e eu juramos nunca proferir a palavra com "d" (divórcio) em nossa casa. Nunca ameacei Lori com o divórcio, nem ela a mim. Quando nos sentimos inseguros com o compromisso do outro em nosso casamento, lembramo-nos de que "o divórcio não é uma opção".

As Escrituras atestam o poder esmagador do vínculo matrimonial entre marido e mulher. Em Gênesis 2:24, Deus declarou: "Por isso o homem deixa pai e mãe e se une à sua mulher, e os dois se tornam um só". A palavra "une" aqui refere-se à palavra hebraica *dabaq*, que significa "aderir como se fosse com cola".[3] O que antes eram duas partes separadas, torna-se uma só.

Imagine o que aconteceria se você tentasse rasgar dois pedaços de papel que foram colados. A união é tão completa que você não conseguiria rompê-la sem danificar permanentemente as duas partes. Talvez seja por isso que Jesus advertiu Seus seguidores: "que ninguém separe o que Deus uniu" (Marcos 10:9).

Se você já experimentou a dor do divórcio, sabe do que estou falando. Não podemos mudar o passado, mas, pela graça de Deus, podemos mudar o futuro. Agradeça a Deus pelo vínculo do casamento que os une e faça tudo o que puder para preservá-lo.

> Jesus respondeu: "Moisés permitiu o divórcio apenas como concessão, pois o coração de vocês é duro, mas não era esse o propósito original".
>
> Mateus 19:8

UM PASSO À FRENTE

Seja este o seu primeiro casamento ou o quinto, decida banir o divórcio de seu vocabulário hoje. Comprometa-se a fazer o que for preciso para ter o tipo de casamento que honra a Deus e traz alegria um para o outro.

45

Meias suadas

Lori

Eu pedi educadamente. Depois, repreendi-o. Depois, reclamei. Nada mudava o fato de que David entrava pela porta, tirava as botas com biqueira de aço, que usava para trabalhar, e jogava as meias suadas na lavanderia. Não dentro da lavanderia, mas em direção à lavanderia.

"Quem ele pensa que eu sou, sua empregada?", resmunguei enquanto as pegava novamente. Toda vez que pensava em meu marido e em suas meias suadas, meu estômago embrulhava.

Um dia ouvi esta máxima: "Insanidade é fazer a mesma coisa da mesma forma e esperar resultados diferentes". Na sequência, percebi a voz do Espírito Santo em meu coração:

Você pediu, repreendeu e reclamou. O que aconteceria se você simplesmente pegasse as meias?

"Todo dia?", perguntei.

Todos os dias. Sem resmungar ou reclamar. Faça isso como um ato de serviço em meu nome para seu marido trabalhador.

Como eu não queria ser declarada louca, tentei. Levei apenas dez segundos e, depois de jogar as meias no cesto, nunca mais pensei nelas. Meu coração estava livre da raiva e do ressentimento que haviam estragado tanto os dias anteriores.

Não estou defendendo que um cônjuge faça todo o trabalho enquanto o outro fica sentado preguiçosamente. Entretanto, estou compartilhando como um ato humilde de serviço feito em nome de Jesus pode ajudar, em muito, a resolver um impasse ocasional. Jesus, o nosso Senhor, por exemplo, exemplificou a beleza do serviço quando lavou os pés de Seus discípulos. Diante disso, o que são algumas meias suadas?

> Pois nem mesmo o Filho do Homem veio para ser servido,
> mas para servir e dar sua vida em resgate por muitos.
> Marcos 10:45

UM PASSO À FRENTE

Existem áreas de conflito menores (ou maiores) entre você e seu cônjuge que poderiam ser tratadas se cada um de vocês fizesse um ato de serviço gentil em nome de Jesus? Tente fazer isso hoje. E amanhã. E no dia seguinte também.

46

O pecado é enganoso

David

Nunca vi um homem com o coração mais partido do que meu amigo Tiago. "Fiz algo realmente estúpido", disse ele. "Magoei profundamente a minha esposa."

Meu coração despedaçou-se e meu estômago se revirou. Eu sabia o que estava por vir. Já tinha ouvido essa confissão muitas vezes de outros homens.

"Nunca pensei nas consequências", disse ele, aparentemente alheio às lágrimas que escorriam por seu rosto. "Eu só pensava na empolgação, foi emocionante, por um tempo. Tentei justificar isso: 26 anos é muito tempo com a mesma mulher. Mas eu não podia mentir para mim mesmo para sempre. Agora perdi minha esposa, meus filhos, minha igreja e a maioria dos meus amigos."

Tiago descobriu o que muitos aprendem tarde demais: o pecado é enganoso. Como o arsênico envolto por chocolate, ele promete satisfação, mas entrega a morte.

O álcool promete risadas e diversão para um fim de semana, não um atestado de ressaca nas segundas-feiras. A pornografia promete prazer, não a sensação de vazio. E o adultério? Promete a excitação, não uma vida arruinada.

As Escrituras nos alertam sobre o engano do pecado. O autor de Hebreus acrescenta uma ferramenta poderosa ao nosso arsenal para combatê-lo: a responsabilidade dos irmãos e irmãs cristãos. Quando compartilhamos nossa luta com um amigo de confiança, a perspectiva dele, que está a um passo de distância, pode nos ajudar a identificar as mentiras antes que o pecado destrua tudo o que nos é caro. Melhor ainda, a opinião deles pode nos ajudar a evitar o pecado e a buscar as coisas que enriquecem nosso casamento e trazem alegria um para o outro e para Deus.

> Portanto, irmãos, cuidem para que nenhum de vocês tenha coração perverso e incrédulo que os desvie do Deus vivo. Advirtam uns aos outros todos os dias, enquanto ainda é "hoje", para que nenhum de vocês seja enganado pelo pecado e fique endurecido.
>
> Hebreus 3:12-13

UM PASSO À FRENTE

Pense naqueles que você conhece cuja vida foi destruída pelo engano do pecado. Em quais mentiras você acha que eles acreditaram? Ore e peça a Deus que lhe mostre qualquer área de sua vida em que você possa estar acreditando em uma mentira. Peça a Ele que proteja e preserve seu casamento.

47

Casando-se com o seu oposto

Lori

"Por que será", perguntei a uma amiga durante um almoço, "que a maioria de nós parece se casar com o nosso oposto? O 'Marcos bagunceiro' sempre se casa com a 'Noemi arrumadinha'. Já a 'Maria extrovertida' se apaixona por 'Henrique, o eremita'".

Minha amiga riu e acenou com a cabeça. "Meu marido é um advogado calmo e autodisciplinado e eu sou uma mulher criativa de espírito livre que luta para cumprir prazos. Mas sabe", acrescentou ela, "não sei o que faria se o Pedro não organizasse nosso calendário familiar e supervisionasse nossos serviços bancários. Ele garante que não nos comprometamos demais e sempre paga as contas em dia. Mas cabe a mim tirá-lo de sua caverna de vez em quando para se divertir e relaxar um pouco".

As diferenças podem ser uma fonte de atrito se nos concentrarmos nos aspectos negativos e ignorarmos os positivos. A verdade é que cada traço de personalidade e conjunto de habilidades tem os seus prós e contras. Quando celebramos as nossas diferenças em vez de reclamarmos delas, estendemos a graça e afirmamos a maneira única como Deus criou cada um de nós.

Se o corpo todo fosse olho, como vocês ouviriam?
E, se o corpo todo fosse orelha, como sentiriam
o cheiro de algo? Mas nosso corpo tem muitas partes,
e Deus colocou cada uma delas onde ele quis.
1 Coríntios 12:17-18

UM PASSO À FRENTE

Falem sobre algumas de suas diferenças e identifiquem os aspectos positivos delas. Expressem sua gratidão um ao outro e a Deus por tê-los criado como Ele os criou e por tê-los unido.

48

Nunca é tarde para mudar

David

Certo dia, eu estava visitando meus netos quando meu genro, Josiah, chegou do trabalho. Depois de admirar a escultura de Lego do filho de 4 anos e brincar de jogar, algumas vezes, o filho de 2 anos para o alto, ele foi até a cozinha e colocou toda louça suja, que estava na pia, na máquina de lavar louças. Ele esvaziou a lixeira que estava transbordando e, então, acomodou-se no sofá para ouvir o filho de 8 anos ler para ele.

Michael, meu outro genro, trabalha em casa e muitas vezes já deixa o jantar pronto para quando a minha filha chega do trabalho. Ele faz a maior parte das compras de supermercado e está aprendendo a usar a panela de pressão.

Esses jovens estão servindo de modelo para algo que eu nunca vi quando eu era criança: *um marido que serve à esposa e à família*. Na geração do meu pai, o trabalho de um homem terminava quando ele batia o ponto às 17h. Ele esperava chegar em casa e ser servido, não chegar em casa *para* servir. Receio que muitos de minha geração tenham se sentido da mesma forma. Olhando para trás, gostaria de ter tido uma compreensão maior do que significa ministrar à minha esposa ao servi-la.

O apóstolo Pedro incentivou os maridos a viverem sabiamente com suas esposas, honrá-las como coerdeiras em Cristo e tratá-las como vasos preciosos. Sem exceção, isso envolve servi-las também, não apenas esperar que elas nos sirvam.

Quero ministrar à minha esposa dessa forma. Quero abençoá-la compartilhando as responsabilidades em nosso lar e ajudá-la a se sentir amada e cuidada. Felizmente, nunca é tarde demais para mudar. Meus genros e a Palavra de Deus podem me ensinar como ser melhor.

> Maridos, do mesmo modo, sejam sábios no convívio com a sua esposa, tratando-a com honra, como parte mais frágil e coerdeira do dom da graça da vida, de forma que não sejam interrompidas as suas orações.
>
> 1 Pedro 3:7 NVI

UM PASSO À FRENTE

Marido, se você cresceu em um lar que tinha um pai presente, ele servia à esposa e à família? Esposa, e você? Como esses exemplos moldaram sua visão do papel do marido no lar? Leiam juntos 1 Pedro 3:1-7 para ter uma visão mais ampla do plano de Deus para um casamento cristão.

49

Encorajando um ao outro

Lori

"Fui convidada a fazer algo bem fora de minha zona de conforto hoje", disse a David. Descrevi o convite durante o jantar e esperei que ele concordasse com minha sábia decisão de deixar passar a oportunidade.

"Você já disse não?", perguntou ele.

"Bem, mais ou menos", respondi, contorcendo-me um pouco. "Por quê?", perguntei.

"Pode ser uma oportunidade ministerial muito legal. E se foi Deus quem a trouxe para você, Ele pode fornecer o que você precisa para isso", disse ele.

Ele fez uma pausa e me deu um olhar inquiridor antes de fazer a pergunta que me pegou: "Você orou sobre isso, ou simplesmente disse não?".

Ai, ai, ai! Meu marido me conhece ou não? Ele sabe que sou o tipo de pessoa que prefere a segurança e foge dos riscos. E que a minha "configuração padrão" é dizer não ao invés de sim. E que eu conto o custo que algo trará, mas que, às vezes, esqueço-me de deixar espaço para Deus. Uma coisa que amo nos relacionamentos cristãos é como nós podemos, conforme disse o escritor de Hebreus, "motivar uns aos outros na prática do amor e das boas obras" (10:24). David me encoraja a buscar a vontade de Deus, a ser corajosa e, quando necessário, a correr riscos. Eu o ajudo a buscar a vontade de Deus, a pensar em novas ideias e a planejar o sucesso. Juntos, lembramos um ao outro de deixar Deus guiar nossas decisões em vez de deixar nossas emoções nos dominarem.

Depois de conversarmos, orei: *Senhor, se isso vem de ti, mostra-me.* Antes do final da noite, eu não somente tinha a firme convicção de que deveria dizer sim à oportunidade, como também me sentia animada com ela.

> Pensemos em como motivar uns aos outros
> na prática do amor e das boas obras.
> Hebreus 10:24

UM PASSO À FRENTE

Leiam juntos Hebreus 10:23-25. De que forma o escritor desafia os cristãos a se encorajarem mutuamente na fé e na esperança? Procure oportunidades de fazer isso por seu cônjuge nos próximos dias.

50

O desafio de entender as preferências do outro

David

Em certos dias, nossa casa parece uma lavanderia. Roupas úmidas ficam penduradas em cabides nas portas dos quartos e o cheiro de sabão em pó fica no ar. Com apenas uma olhada, sei de duas coisas: que é dia de lavar roupa e que está chovendo.

Lori tem uma secadora de roupas elétrica em perfeita condição, mas prefere usar a secadora solar: *o varal em nosso quintal* (claramente, não moramos em um condomínio com regras rígidas). "As roupas ficam com cheiro de ar fresco", diz ela, "e economizamos dinheiro". O que funciona muito bem até chover. Felizmente, aqui não chove com frequência. O que nos leva de volta à cena inicial de roupas penduradas por toda parte.

Durante anos, a preferência de Lori me deixava um pouco maluco. "É só jogar a roupa na secadora e pronto", eu dizia. Mas isso é importante para ela, e Lori está disposta a fazer o trabalho extra. Verdade seja dita, eu também tenho preferências que provavelmente também não fazem sentido para Lori.

Às vezes, discutimos sobre elas, mas estamos no processo de aprender a aceitá-las, mesmo que não as entendamos completamente. Foi sobre isso que o apóstolo Paulo escreveu quando incentivou os cristãos romanos a viverem em harmonia uns com os outros: "Não sejam orgulhosos [...], não pensem que sabem tudo" (Romanos 12:16). Em outras palavras, não presuma que o seu jeito de fazer as coisas é o certo e que o da outra pessoa é errado. Quando fazemos o melhor que podemos, promovemos um espírito de cooperação e respeito mútuo, honramos a Deus e uns aos outros.

> No que depender de vocês, vivam em paz com todos.
> Romanos 12:18

UM PASSO À FRENTE

Pense em suas preferências. Agora pense nas de seu cônjuge. Todas elas fazem sentido para você ou simplesmente fazem parte da singularidade de cada um? Identifique pelo menos uma preferência de seu cônjuge com a qual você não concorda e se esforce para aceitá-la.

51

Quando pecamos um contra o outro

Lori

Pelo menos um zilhão de vezes. Sim, já me desculpei pelo menos um zilhão de vezes com meu marido pelo mesmo pecado. A cada vez, sinto remorso, reconheço que o prejudiquei e peço que ele me perdoe.

Não me surpreende que David às vezes duvide de minha sinceridade. Às vezes, eu mesma duvido de minha sinceridade, embora eu saiba que quero mudar.

Por que continuamos a cometer os mesmos pecados contra aqueles que amamos? Prometemos não falar de forma grosseira, mas fazemos isso mesmo assim. Ou prometemos deixá-los lidar com algo sem a nossa interferência; em seguida, expressamos nossa opinião antes mesmo de terminarem de fazer o que previamente concordamos. Por que reclamamos, respondemos com raiva ou deixamos de fazer o que prometemos repetidamente?

Obviamente, porque somos pecadores casados com pecadores, e todos nós estamos, dia após dia, sendo moldados à imagem de Cristo. Eu gostaria que a santificação (tornar-me como Cristo) acontecesse instantaneamente, mas ela não ocorre assim, pois é algo que leva uma vida inteira. Entretanto, Deus é fiel. Ao permanecermos sensíveis ao Seu

Espírito e procurarmos obedecer à Sua Palavra, Ele nos ajuda a obter a vitória sobre o pecado que nos enreda.

Quando a minha amiga Joana pediu desculpas ao filho mais uma vez, ele disse a ela: "Desculpas não significam muita coisa se nada mudar". Suas palavras tocaram o coração dela e a motivaram a tratar seu pecado com maior seriedade. Tais palavras também me motivaram.

E se você for o cônjuge da pessoa que está sendo trabalhada por Deus (na verdade, todos nós estamos)? Jesus nos disse o que fazer em Mateus 18:22. Nós comunicamos o problema de forma respeitosa, e perdoamos quantas vezes forem necessárias. Depois, oramos para que eles façam o mesmo por nós.

> Então Pedro se aproximou de Jesus e perguntou: "Senhor, quantas vezes devo perdoar alguém que peca contra mim? Sete vezes?". Jesus respondeu: "Não sete vezes, mas setenta vezes sete".
>
> Mateus 18:21-22

UM PASSO À FRENTE

Que pecado é recorrente em seu relacionamento com seu cônjuge? Que medidas práticas você pode adotar para obter vitória sobre esse pecado? Orem juntos, confessem e peçam perdão quando necessário e se entreguem a Deus para que Ele possa continuar a transformá-los.

52

Amizade que doa e recebe

David

As mulheres me surpreendem com sua capacidade de se relacionar umas com as outras. Duas mulheres podem se sentar uma ao lado da outra para assistir a um jogo beneficente, e antes que ele termine, elas já estão trocando informações sobre sua mercearia favorita, ideias para o almoço e fazendo planos para tomar café juntas.

Já com os homens, não é bem assim. Podemos trocar um aceno de cabeça e um resmungo ou fazer um comentário sobre um jogador ou outro, mas temos mais dificuldade em nos conectar. Mesmo uma conversa mais longa raramente leva a algo significativo. Se não fosse por Lori, acho que eu teria menos amigos. As mulheres geralmente desenvolvem uma amizade primeiro e depois arrastam, digo, convidam, seus maridos para um evento. Várias de minhas amizades começaram dessa forma.

Como a amizade masculina é difícil, é fácil ficar frustrado e desistir de tentar. Os homens não costumam conversar ou enviar mensagens de texto como as mulheres, e, também, não somos muito bons em tomar a iniciativa.

Quando fico desanimado, lembro-me destas palavras: "O amigo é sempre leal" (Provérbios 17:17). Ou seja, não é apenas quando é fácil ou conveniente. As palavras de Salomão me chamam para um amor altruísta que inicia, busca e prioriza a amizade.

Se vejo meus esforços sob uma mentalidade de ministério, acho mais fácil fazer o esforço de me conectar. Quando faço isso, posiciono-me para ajudar a apoiar meus irmãos cristãos a carregarem seus fardos quando uma tragédia, doença ou crise familiar entra na vida deles. E eles fazem o mesmo por mim.

O amigo é sempre leal.
Provérbios 17:17

UM PASSO À FRENTE

Pense naquela amizade que é um tanto desigual, na qual o esforço de interagir com o outro é todo seu. De que forma entender essa amizade como parte de seu ministério pode ajudá-lo(a) a não desistir dela? Ou talvez você seja a outra pessoa que até gosta de tal amizade, mas raramente investe nela. Por que você acha que isso acontece? Nesta semana, interaja com os seus amigos e desenvolva amizade cristã entre vocês, seja como casal ou individualmente.

53

Quando alguém peca contra você

Lori

Quando Línea pediu para falar comigo depois do culto em um domingo à noite, presumi que ela queria planejar uma reunião ou uma viagem para acampar. Mas eu estava errada.

"Valorizo nossa amizade", ela me disse, "e é por isso que eu queria conversar com você. Na semana passada, quando compartilhei as preocupações que tinha sobre uma situação, confiei que você as manteria em sigilo. Mas você não o fez, não é mesmo?". Meu coração ficou apertado e lágrimas brotaram dos meus olhos. Eu havia, de fato, traído a confiança dela. Não de uma forma fofoqueira. Meus motivos eram bons, mas eu havia passado dos limites e quebrado a confiança dela. "Sinto muito", eu disse. "Nunca magoei você ou sua família intencionalmente. Por favor me perdoe!"

Em Mateus 18:15-17, Jesus nos dá instruções claras sobre como responder quando um irmão ou irmã cristão pecar contra nós. Ele incentivou Seus discípulos a se reunirem com a pessoa, um a um, para explicar a ofensa. Outras passagens do Novo Testamento nos lembram de falar "a verdade em amor" (Efésios 4:15) e de abordar alguém humildemente com o objetivo de "ajudá-lo a voltar ao caminho certo" (Gálatas 6:1). Então, como Jesus disse: "Se ele o ouvir, você terá recuperado seu irmão" (Mateus 18:15).

Línea poderia ter guardado seus pensamentos para si mesma e jurado nunca mais confiar em mim. Ou ela poderia ter fofocado sobre minhas falhas para outras pessoas.

Em vez disso, ela fez a escolha mais difícil, que foi seguir a orientação bíblica, e conversou comigo sobre isso com gentileza e respeito. Isso permitiu que ela compartilhasse seus sentimentos e me deu a chance de pedir perdão. Sua coragem me ensinou uma lição para toda a vida e preservou nossa amizade.

> Se um irmão pecar contra você, fale com ele
> em particular e chame-lhe a atenção para o erro.
> Se ele o ouvir, você terá recuperado seu irmão.
>
> Mateus 18:15

UM PASSO À FRENTE

Quando seu cônjuge peca contra você, como você normalmente lida com isso? Você fala com todo mundo sobre isso? Deixa para lá e finge que não aconteceu? Ou aplica o princípio de Mateus 18:15? Em sua opinião, em que situação é razoável ignorar uma ofensa, e em quais situações é melhor confrontar a questão? Leiam juntos Mateus 18:15-17.

54

O presente da paz

David

Eu amo minha família, minha igreja e meu país. Eu os defenderia com minha vida, e é por isso que os acontecimentos dos últimos anos me deixaram mais ansioso e irritado do que nunca. A agitação cultural e os desafios do casamento e da família me fazem temer que todos que amo estejam em perigo. E eu não saberia como protegê-los.

Estou aprendendo, no entanto, que Deus deu aos cristãos uma alternativa ao medo, à depressão e à ira. Jesus a chama de paz.

Jesus, na noite em que foi traído, sabia que o mundo de Seus discípulos logo seria virado de cabeça para baixo. Seu mestre seria preso, julgado e crucificado. Eles se esconderiam e temeriam pela vida deles. Mudanças que eles não queriam ou não entendiam, viriam, e eles não teriam poder para impedi-las.

Felizmente, Jesus deu a eles (e a nós) o que eles precisavam para navegar nas águas turbulentas da vida. *Shalom*, "paz" em hebraico, é uma palavra que vai além desse significado traduzido, pois também carrega consigo os conceitos de firmeza, harmonia, sucesso e vitória.[4]

Na aparência, os discípulos de Jesus não tinham nada disso. Mas quando descansavam na confiança de que Deus era soberano, eles sabiam que nada ameaçava a vida deles fora dos bons propósitos e controle do Senhor. Com Deus no comando, eles (e nós) podiam ter paz, tranquilidade mental e harmonia em suas interações uns com os outros, além de sucesso e vitória em sua vida espiritual.

Sendo assim, não é de se admirar que o profeta Isaías tenha chamado Jesus de Príncipe da Paz (Isaías 9:6).

> Eu lhes deixo um presente, a minha plena paz. E essa paz que eu lhes dou é um presente que o mundo não pode dar. Portanto, não se aflijam nem tenham medo.
> João 14:27

UM PASSO À FRENTE

Muitas coisas em nossa vida nos deixam frustrados e com medo. Quais são as circunstâncias que mais o incomodam neste momento? Compartilhe-as com seu cônjuge. Por que você acha que Jesus deu a Seus discípulos o presente da paz em vez de um arsenal de armas e um plano de batalha na véspera de Sua crucificação? Passem algum tempo juntos orando e reconhecendo o cuidado soberano de Deus sobre as circunstâncias da vida de vocês. Permitam que a paz de Jesus acalme o coração de vocês.

55

O que lhe importa?

Lori

Eu murmurei. Eu me agitei. E depois... resmunguei. Todas as tarefas que me foram atribuídas eram difíceis. As tarefas estavam demorando o dobro do tempo. Minha carga de trabalho aumentava à medida que o dia avançava. Assim como minha atitude desagradável.

Sou a única pessoa que está trabalhando hoje? Por que todos os perrengues do trabalho estão vindo para mim? Por que meus colegas de trabalho não se agilizam e me ajudam? Estou surpresa que os pensamentos tóxicos não tenham saído da minha cabeça e aberto um buraco na minha mesa.

Então o Espírito Santo sussurrou suavemente: *O que lhe importa?* Eu conhecia o versículo que Ele estava citando, eu o havia lido em meu devocional alguns dias antes. Em uma aparição de Jesus após a ressurreição, Ele se aproximou dos discípulos enquanto eles pescavam no mar da Galileia. Jesus restituiu Pedro após sua traição, chamou-o para cuidar de Suas ovelhas espirituais e mencionou como esse apóstolo morreria. Sem dúvida, alarmado, Pedro perguntou a Jesus sobre o destino do outro discípulo, João. Jesus respondeu: "Se eu quiser que ele permaneça vivo até eu voltar, o que lhe importa? Quanto a *você*, siga-me" (João 21:22, ênfase adicionada).

Da maneira maravilhosa com que Deus entrelaça os fios das Escrituras em nossa vida, percebi que não importava o que meus colegas de trabalho faziam ou deixavam de fazer, ou o quanto eles trabalhavam ou deixavam de trabalhar. Deus havia me chamado para segui-lo. Isso significava trabalhar "como se fosse para o Senhor" (Colossenses 3:23), trabalhar de coração e expressar gratidão. Durante o restante do dia, sempre que me sentia tentada a murmurar, cantava um hino de ação de graças.

> Jesus respondeu: "Se eu quiser que ele permaneça vivo até eu voltar, o que lhe importa? Quanto a você, siga-me".
> João 21:22

UM PASSO À FRENTE

Quando foi a última vez que você se sentiu como se fosse a única pessoa trabalhando? Você reclamou ou expressou gratidão por seu trabalho? Que diferença faria se você visse seu trabalho como uma oportunidade de seguir o Senhor trabalhando de coração e com alegria? Converse sobre isso com seu cônjuge hoje e responsabilizem-se mutuamente por uma atitude positiva no trabalho nos próximos dias.

56

Lutar com um touro e lavar louça

David

Se você me perguntasse se eu me colocaria entre a minha esposa e um touro furioso, eu diria que sim. Se um agressor a ameaçasse, certamente eu a defenderia. E se ela fosse encurralada por uma cobra venenosa, eu faria de tudo para resgatá-la.

Gosto de pensar que estaria disposto a dar minha vida por minha esposa, mas às vezes não estou disposto a lavar a louça, servi-la antes de servir a mim mesmo ou levantar-me com os netos no meio da noite. Estou sempre disposto a fazer as coisas difíceis, mas às vezes perco (ou ignoro) oportunidades de fazer as coisas fáceis.

Posso me identificar com Naamã, o arameu. Ele procurou o profeta Eliseu na esperança de ser curado de sua doença, pois ele "sofria de lepra" (2 Reis 5:1), conhecida hoje como hanseníase. Em vez de exigir que ele entregasse uma bolsa de ouro ou realizasse algum ritual elaborado, Eliseu disse a Naamã que se lavasse sete vezes no rio Jordão que ele seria curado.

Naamã se recusou a fazer isso até que seu servo o confrontou: "Se ele lhe dissesse para fazer algo difícil você teria feito. Por que não está disposto a fazer algo fácil?" (paráfrase de 2 Reis 5:13).

Espero nunca ter de levar um tiro por minha esposa, mas posso levar o lixo para fora, arrumar a cama ou ajudar a limpar a cozinha depois de um longo dia. E ela pode fazer o mesmo por mim. Gentilezas diárias e gestos atenciosos fazem a diferença entre um bom casamento e um excelente casamento.

> Mas seus oficiais tentaram convencê-lo, dizendo:
> “Meu senhor, se o profeta lhe tivesse pedido
> para fazer algo muito difícil, o senhor não teria feito?
> Por certo o senhor deve obedecer à instrução dele,
> pois disse apenas: ‘Vá, lave-se e será curado’”.
> 2 Reis 5:13

UM PASSO À FRENTE

Como você se sente quando seu cônjuge faz algo gentil por você? Por que você acha que às vezes negligenciamos os pequenos gestos? Sem compartilhar suas ideias um com o outro, façam uma lista de cinco coisas atenciosas que vocês podem fazer por seu cônjuge nesta semana. Coloque-as na agenda eletrônica ou escreva em um papel para se lembrar. Depois, durante a semana, faça-as de surpresa um ao outro.

57

Não descobrirá a nudez

Lori

Em todo lugar que olhamos, vemos decotes profundos, cós das calças diminuindo e tecidos encolhendo. A modéstia não está mais na moda, e nossa sociedade oferece amplas oportunidades para olhar, observar e cobiçar o corpo de outra pessoa.

Como cristã que busca o coração de Deus para minhas escolhas de vestuário, recebi instruções inesperadas no livro de Levítico. Em minha leitura focada nas leis de Deus, encontrei uma bela frase que defende a pureza sexual, que inclui tanto a maneira como nos vestimos quanto a maneira como olhamos para os outros.

Em vez de usar a frase comum "ter relações sexuais com", a versão ARA da Bíblia escolheu a tradução mais literal: "Não descobrirás a nudez". Quando Deus adverte contra ter relações sexuais com a madrasta, Ele diz: "Não descobrirás a nudez da mulher de teu pai; *é nudez de teu pai*" (Levítico 18:8 ARA, ênfase adicionada).

Você percebeu isso? *É nudez de teu pai*, essa passagem diz que você não tem o direito de descobrir o corpo nu de outra pessoa para fazer sexo com ela, pois a nudez dela não é sua. Ela pertence a outra pessoa.

O mesmo acontece na atualidade. É importante perceber que, se formos casados, nosso cônjuge é a única pessoa que tem o privilégio de desfrutar de nossa nudez.

A escolha de roupas *modestas* e elegantes é uma maneira de preservar esse privilégio. Na privacidade de nossa casa, não há restrições (desde que as cortinas estejam fechadas), mas em público, devemos honrar uns aos outros e a Deus escolhendo nossas roupas com sabedoria.

> Não descobrirás a nudez da mulher
> de teu pai; é nudez de teu pai.
> Levítico 18:8 ARA

UM PASSO À FRENTE

Você já pensou que Deus planejou a modéstia para proteger você, seu casamento e a exclusividade de seu relacionamento sexual? Como a modéstia se aplica tanto a mulheres quanto a homens? Compartilhe seus pensamentos. Ore e peça a Deus que os ajude a honrar um ao outro e a Ele com o seu vestuário.

58

Uma alternativa à reclamação

David

Quantos de vocês já se queixaram de um político e depois publicaram uma reclamação nas mídias sociais? Ou reclamou de seu chefe, do diretor da escola de seu filho ou de seu pastor para qualquer pessoa que queria ouvir?

Desculpe-me, mas não consigo ver sua mão levantada. A minha está bloqueando a visão.

Mais de uma vez, juntei-me ao coro de reclamões que lamentavam a situação atual. Agitei a panela do descontentamento e fiquei cada vez mais desanimado e deprimido.

Não foram os resultados que eu esperava. Por isso, estou tentando uma abordagem diferente. Uma abordagem bíblica.

Paulo instruiu Timóteo e sua congregação sobre como se relacionar com as autoridades durante o reinado de Nero, um imperador conhecido por perseguir e torturar cristãos. Suas palavras inspiradas por Deus se aplicam também a nós hoje. Quando não concordamos com nossos líderes (e mesmo quando concordamos), devemos orar.

Podemos começar agradecendo a Deus por eles, mesmo que tenhamos dificuldade para encontrar algo pelo qual nos sentirmos gratos. Você é grato por ter um emprego, viver em sua comunidade ou frequentar uma igreja? Diga isso a Deus. Em seguida, ore pela salvação de seu chefe, líder ou político eleito. Se eles conhecem a Cristo, peça a Deus que os ajude a crescer espiritualmente. Se eles lideram de maneira contrária à Palavra de Deus, peça a Ele para transformar o coração deles ou removê-los da liderança. Ore para que todo líder tome decisões sábias, sirva de forma altruísta e se cerque de conselheiros sábios.

Quando oramos pelas pessoas que têm autoridade sobre nós, fazemos parceria com outros cristãos de diferentes lugares e nos concentramos no Único que pode transformá-las. Como casal, podemos fazer parceria com Deus na obra que Ele está realizando em nossos líderes e por meio deles.

> Em primeiro lugar, recomendo que sejam feitas petições, orações, intercessões e ações de graça em favor de todos, em favor dos reis e de todos que exercem autoridade, para que tenhamos uma vida pacífica e tranquila, caracterizada por devoção e dignidade. Isso é bom e agrada a Deus, nosso Salvador.
>
> 1 Timóteo 2:1-3

UM PASSO À FRENTE

Quando foi a última vez que vocês oraram juntos por um de seus líderes? Qual deles está lhe causando mais sofrimento neste momento? Qual deles está abençoando sua vida? Reserve alguns minutos agora mesmo e orem juntos por eles. Peça a Deus que realize Sua vontade na vida deles e por meio deles hoje. Revisitem essa oração sempre que Deus os trouxer à mente.

59

Banindo a preocupação

Lori

Sou uma pessoa naturalmente preocupada. Suspeito que muitos de vocês também sejam. Fico ansiosa com o que pode acontecer, com o que deveria ter acontecido e até com o que não está acontecendo. Posso me preocupar mesmo quando tudo está indo bem.

Durante anos, não vi minha tendência a me preocupar como algo problemático. Eu a via como uma fraqueza pessoal. "Eu sou assim mesmo", eu dizia, dando de ombros. Embora eu nunca tenha, de fato, dito: "É assim que Deus me fez", eu pensava assim.

Então, uma sábia professora me indicou este versículo: "Não vivam preocupados com coisa alguma" (Filipenses 4:6). Ela explicou que o versículo está escrito no tempo verbal imperativo, ou seja, é uma ordem.

Em um lampejo de convicção do Espírito Santo, percebi que, *se "não vivam preocupados com coisa alguma" é uma ordem, logo, quando eu me preocupo de forma excessiva, estou pecando*. Uau! Posso desculpar uma tendência pessoal, posso minimizar um hábito, mas e um pecado evidente e descarado? Não há como desculpar isso.

Eu amava a Deus e nunca quis desobedecer deliberadamente a uma de Suas ordens. No entanto, eu o fazia várias vezes ao dia, sempre que alimentava um pensamento assustador ou uma possibilidade temerosa.

Identificar a preocupação excessiva como um pecado me ajudou a levar a sério a necessidade de eliminá-la de minha vida. Orar tem me ajudado a mantê-la fora da mente. Mesmo aqueles que lutam contra o transtorno da ansiedade se beneficiam da disciplina de capturar pensamentos ansiosos e levá-los a Deus em oração.

Ainda não superei totalmente minhas preocupações, mas estou progredindo e desfrutando da paz de Deus que excede todo o entendimento.

> Não vivam preocupados com coisa alguma;
> em vez disso, orem a Deus pedindo aquilo
> de que precisam e agradecendo-lhe por tudo que
> ele já fez. Então vocês experimentarão a paz de
> Deus, que excede todo entendimento e que guardará
> seu coração e sua mente em Cristo Jesus.
> Filipenses 4:6-7

UM PASSO À FRENTE

Qual é a sua compreensão sobre a preocupação excessiva? Como o fato de reconhecê-la e confrontá-la, à luz de Filipenses 4:6-7, muda a maneira como você pensa sobre ela? Que passo você pode dar hoje para quebrar o domínio dela em sua vida? Compartilhe com seu cônjuge maneiras pelas quais vocês podem se lembrar mutuamente desse alerta do apóstolo Paulo à medida que aprendem a entregar suas preocupações a Cristo. Orem juntos pelas coisas que os preocupam hoje.

60

Negando respeito?

David

Gostaria de ter aprendido a definição do que é ser um *sophomore* (termo americano para se referir a estudantes em seu segundo ano de faculdade) quando era recém-casado. Em latim, a palavra significa *sábio tolo*. É um termo acadêmico, mas eu também era um "sábio tolo" na maneira como me relacionava com meus pais. Eu tinha educação suficiente para possuir um pouco de sabedoria, mas eu era tolo na maneira como a aplicava. Meus pais eram pessoas simples. Papai aprendeu a ser encanador em uma escola local, e mamãe abandonou os estudos quando se casou aos 14 anos. Eu, por outro lado, estudei em uma faculdade por quatro anos. E, ainda por cima, foi uma *faculdade bíblica*! Quando Lori e eu nos casamos, presumi que sabíamos muito mais do que nossos pais. Não pedi conselhos a eles, nem procurei me beneficiar de sua experiência. Eu sabia "tudo" sobre casamento, sobre a vida e coisas espirituais.

De certa forma, eu fui como os fariseus em Marcos 7:11, que praticavam mal a *corbã* (doação de dinheiro ou recursos ao Templo). Nessa passagem, Jesus repreendeu os líderes religiosos por violarem o quinto mandamento: "Honre seu pai e sua mãe" (v.10), deixando de dar assistência financeira aos pais. Em vez disso, alegaram que reservaram o dinheiro para dar a Deus, embora, muito provavelmente, guardavam a maior parte do dinheiro para si mesmos. Eu não neguei dinheiro aos meus pais, mas neguei a eles a honra e o respeito que lhes eram devidos.

Meus pais podem ter sido menos instruídos, mas isso não era motivo para desrespeitá-los ou não ouvir suas opiniões. Eles estão com o Senhor agora e eu lamento até hoje por não ter me beneficiado mais da experiência de vida deles. Sua percepção poderia ter me poupado de um ou outro erro, ou ainda muito mais!

Honre seu pai e sua mãe. Assim você terá vida longa
e plena na terra que o SENHOR, seu Deus, lhe dá.
Êxodo 20:12

UM PASSO À FRENTE

Vocês, individualmente e como casal, costumam buscar a opinião de seus pais ou presumem que o conhecimento deles está ultrapassado ou é irrelevante? Na próxima vez em que estiverem juntos, peça a opinião deles e, mesmo que discorde, considere o que eles falarem. Embora você possa escolher não usar as informações que eles compartilham, você os terá honrado com sua atenção. Se seus pais não estiverem vivos ou disponíveis, estenda essa honra a um adulto mais velho em sua vida.

61

Confie em Deus nas despedidas difíceis

Lori

Eu observei uma mulher enquanto David e eu passávamos pela fila de embarque e inspeção de segurança do aeroporto. Eu conhecia aquela postura. Abraçando a si mesma, ela ficou o mais próximo possível da fila sem estar nela. Seus olhos estavam fixos em uma universitária que se parecia muito com ela, com o cabelo preso em um coque bagunçado e um celular na mão. A garota estava focada na linha à frente, enquanto sua mãe concentrava-se nela.

Já estive no lugar dessa mãe muitas vezes: abraçando minha filha uma, duas e talvez até uma terceira vez (se ela permitisse) enquanto a via embarcar para sua próxima grande aventura. Não posso acompanhá-la além da entrada para sala de embarque, mas fico ali até que ela a atravesse, acene uma última vez e desapareça em meio às pessoas ali. Então, eu choro. *Todas as vezes*. Sim, mesmo que isso aconteça há mais de uma década.

A única maneira de "soltar" minha filha para o desconhecido repetidas vezes é porque sei que ela não vai sozinha. Deus vai antes dela e com ela. Como Moisés lembrou a Josué quando ele se preparava para liderar os israelitas no território desconhecido da Terra Prometida, sei que a presença de Deus acompanha meus filhos a cada passo e a cada dia da vida deles. O Senhor nunca os deixará nem os abandonará.

Não posso estar em todos os lugares onde meus entes queridos vão, mas Deus pode. E Ele o faz. Saber disso me traz um grande conforto toda vez que me despeço.

> Não tenha medo nem desanime, pois o próprio
> Senhor irá adiante de vocês. Ele estará com vocês;
> não os deixará nem os abandonará.
> Deuteronômio 31:8

UM PASSO À FRENTE

Quer nossos entes queridos, cônjuge, filhos ou amigos tenham 8 ou 80 anos, é sempre difícil se despedir deles. Compartilhem uns com os outros as separações que consideram mais difíceis. Talvez você esteja sentindo medo porque um familiar mora longe, por exemplo. Orem juntos, agora, pelas pessoas que vocês amam. Entregue-as ao Senhor e expresse sua confiança de que os olhos de Deus, que tudo veem, estão sobre elas.

62

Enalteça as qualidades do seu cônjuge

David

Você já notou que, na cultura atual, não há problema em criticar seu cônjuge? Eu ouço isso o tempo todo. Alguém faz um comentário negativo e, em seguida, os outros se juntam a ele, compartilhando o que não gostam em seu marido ou mulher. Em pouco tempo, estamos criticando a pessoa que se comprometeu a nos amar todos os dias de nossa vida.

Como cristãos, deveríamos ser diferentes. Em vez de nos juntarmos à pilha de negatividades, podemos compartilhar o que apreciamos em nosso cônjuge. Não à moda "Poliana", negando a realidade de que o casamento é difícil, mas com gratidão genuína. Um dia, entrei em uma conversa sobre esposas dizendo: "Sim, minha esposa faz coisas que me deixam louco, mas ela tem tantas outras excelentes qualidades que tento ignorar os momentos que me irritam".

Às vezes, adoto uma abordagem proativa e menciono algo que amo em Lori. Certo dia, um colega de trabalho e eu estávamos compartilhando histórias sobre nosso fim de semana. "Ficamos com nossos netos no fim de semana", eu disse. "Eles me deixaram exausto. Não sei como a Lori consegue cuidar deles sozinha toda semana. Ela é uma mulher e tanto." E ele concordou, dizendo que sua esposa também é muito boa com as crianças.

Paulo exortou os cristãos de Filipos a fazer tudo sem murmurar. Não sei se ele tinha em mente o casamento quando escreveu esse versículo, mas "tudo" certamente inclui estar casado. Em seguida, ele disse aos filipenses a razão por trás daquela ordenança: para que eles brilhassem entre os perdidos como as estrelas brilham no céu. Ele sabia que uma atitude grata e sem reclamações se destacaria em qualquer cultura.

> Façam tudo sem queixas nem discussões, de modo que ninguém possa acusá-los. Levem uma vida pura e inculpável como filhos de Deus, brilhando como luzes resplandecentes num mundo cheio de gente corrompida e perversa.
> Filipenses 2:14-15

UM PASSO À FRENTE

Em seus círculos de convivência, você ouve mais palavras negativas ou positivas sobre os cônjuges alheios? Por que você acha que isso acontece? Comprometa-se hoje a fazer um comentário positivo sobre seu cônjuge ou sobre cônjuges em geral na próxima vez que ouvir outros criticando o cônjuge deles. Pratique agora mesmo dizendo um ao outro algo que você aprecia no seu cônjuge.

63

Gratidão pelos anjos

Lori

Como cresci egoísta e egocêntrica, passei alguns anos como uma pessoa infeliz e ingrata (meu termo carinhoso para falar de mim mesma naquela época da vida). Eu esperava que as pessoas me servissem, não ao contrário. Dizer "obrigada"? Isso raramente me ocorria. Mamãe *deveria* me alimentar, vestir-me e reconfortar-me. Papai *deveria* me sustentar. Minhas irmãs *deveriam* ceder suas preferências às minhas.

Felizmente, Deus transformou meu coração egoísta, e agora eu gosto de agradecer. É por isso que, quando li Hebreus 1 pela primeira vez, fiquei chocada ao descobrir um contingente inteiro da população pelo qual eu nunca havia pensado em expressar gratidão: pelos anjos. Hebreus 1:14 chama os anjos de "servos, espíritos enviados para cuidar daqueles que herdarão a salvação".

Se formos cristãos, temos anjos cuidando de nós no âmbito espiritual. A Bíblia os descreve como protetores, defensores e servidores dos cristãos (2 Reis 6:17; Salmo 91:11; Atos 5:19-20). Embora *nunca devamos adorar os anjos* (eles são seres criados e não estão acima de Deus), certamente podemos expressar nossa gratidão a Deus, que os envia a nós.

E, já que estamos falando disso, podemos também agradecer a outros cuidadores, os que são humanos e que nos servem de muitas maneiras, mas que às vezes são invisíveis ou ignorados por nós: nossos pais, pastores, professores da escola bíblica dominical, profissionais da saúde, do serviço de emergência médica e de segurança pública.

E, é claro, podemos ser gratos pelo nosso cônjuge. Eles não são anjos, mas seu cuidado e ajuda são igualmente importantes a nós.

> Portanto, os anjos são apenas servos, espíritos enviados para cuidar daqueles que herdarão a salvação.
>
> Hebreus 1:14

UM PASSO À FRENTE

Você já pensou sobre os anjos que cuidam de você? Imagine quantas vezes eles podem ter lhe protegido, defendido ou guiado você sem o seu conhecimento. Agora pense nas pessoas que o protegem, o defendem e o guiam todos os dias. Pensem juntos em maneiras práticas de expressar sua gratidão a Deus e a eles e as ponham em prática.

64

Do centro do campo para a lateral

David

"Deixe os seus pais e siga em frente", digo aos casais durante a sessão de aconselhamento pré-matrimonial que conduzo. Mas, de alguma forma, *eu* ainda luto com a ideia de minhas filhas me deixarem.

Afinal de contas, por anos fui a principal influência na vida delas. Sinto falta de ser o cavaleiro de armadura brilhante, de oferecer conselhos e de falar livremente quando sentia que elas estavam fazendo escolhas questionáveis. Eu gostava de ter a palavra final nas decisões que as afetavam.

Agora que elas são adultas, tenho que esperar até que peçam a minha opinião. Não tenho poder de veto quando elas escolhem um caminho diferente. Posso alertá-las para que não façam escolhas pecaminosas, mas elas têm o direito de ter a decisão final.

Deixar os pais e formar a sua própria família independente, diferente, mas igualmente honrada, faz parte do bom plano que Deus estabeleceu no jardim do Éden. Foi ideia dele que os pais saíssem do "centro do campo" da vida de seus filhos e ocupassem os lugares nas "laterais" quando os filhos crescessem. Logo, podemos confiar no Senhor.

Estou aprendendo, no entanto, que ficar na lateral não é o mesmo que viver afastado. As linhas laterais são um excelente lugar para torcermos por nossos filhos, orar por eles e estarmos prontos para lhes dar bons conselhos caso eles peçam.

> Por isso o homem deixa pai e mãe e se une
> à sua mulher, e os dois se tornam um só.
> Gênesis 2:24

UM PASSO À FRENTE

Leia Gênesis 2:18-24 e Êxodo 20:12. Como um casal pode equilibrar o fato de deixar os pais e, ao mesmo tempo, honrá-los? Fale sobre a diferença entre obedecer e honrar. Como essas passagens podem ajudá-lo(a) a se relacionar com seus pais de maneira saudável e honrar a Deus? De que maneira elas podem ajudá-lo(a) a interagir com seus filhos casados de maneira saudável e que honre a Deus?

65

Divinas oportunidades novas

Lori

Minha amiga Jeane descreveu a visita que fez à sua mãe de 92 anos, que havia sido diagnosticada com Alzheimer. "Ela praticamente vive o momento. Ela aproveitou cada momento do Natal conosco, mas na manhã seguinte era como se nunca tivesse acontecido. Foi difícil convencê-la de que o dia anterior foi o Natal."

Doenças que roubam a memória são de partir o coração, mas me ocorreu que nossos relacionamentos também podem se beneficiar de alguns "momentos de Alzheimer". E se, no dia seguinte a uma briga com nosso cônjuge, acordássemos sem nenhuma lembrança da discussão? E se não nos lembrássemos de uma palavra desagradável ou de uma ação impensada? E se uma boa noite de sono apagasse da memória uma pequena mágoa, decepção ou promessa negligenciada?

Não estou insinuando que deixemos de lado pecados graves ou ações abusivas. Para que um casamento prospere, devemos confessar e nos arrepender de nossos pecados um contra o outro e fazer tudo o que estiver ao nosso alcance para mudar nosso comportamento. Em vez disso, o que estou falando é sobre estender a graça ao nosso cônjuge pelas pequenas ofensas que acontecem no dia a dia.

Deus se relaciona conosco em uma demonstração de graça surpreendente. O profeta Isaías, por meio da inspiração da extraordinária capacidade de Deus de amar e perdoar, escreveu estas palavras para os rebeldes israelitas que sofriam sob o justo julgamento de Deus: "Eu, somente eu, por minha própria causa, apagarei seus pecados e nunca mais voltarei a pensar neles" (Isaías 43:25). As misericórdias de Deus não absolveram os israelitas do comportamento pecaminoso, mas lhes deram a chance de começar de novo.

Eu, somente eu, por minha própria causa,
apagarei seus pecados e nunca mais voltarei a pensar neles.
Isaías 43:25

UM PASSO À FRENTE

Como você se sente ao saber que cada dia traz uma nova oportunidade para um recomeço cheio de graça? Escolha hoje dar uma nova chance ao cônjuge que Deus lhe deu. Se estiverem lutando contra graves pecados um contra o outro, orem e, em espírito de oração, procurem a ajuda de um sábio conselheiro.

66

Ultrapassado por uma criança

David

Quando Caroline, nossa neta de 3 anos, saiu correndo pela praia, Lori e eu não pensamos muito a respeito. Ela havia corrido para cima e para baixo durante toda a semana.

Só que, dessa vez, ela não virou para trás. Ela continuou correndo.

A praia era grande e estava vazia, e ela não corria nenhum perigo imediato. Mas quando ela não voltou, sabíamos que alguém tinha que correr atrás dela. E esse alguém não seria eu. Eu estava fora de forma e com uns 60 quilos acima do que deveria pesar. Minha mãe me dizia que eu tinha "ossos graúdos", mas meu amor por bolos confeitados e barras de chocolate havia acrescentado bastante "carne" a esses ossos.

Lori saiu correndo atrás de Caroline e acabou alcançando-a em uma duna de areia, mas a experiência me deixou abalado. E se minha preciosa neta estivesse em perigo? O que mais eu não poderia fazer por causa do meu sobrepeso (e da diabetes e da pressão alta que vieram junto com ele)? Eu passaria meus anos de aposentadoria em uma poltrona reclinável ou serviria ativamente a Deus e criaria memórias com minha esposa, filhos e netos?

O apóstolo Paulo escreveu aos coríntios sobre sua liberdade de comer e beber qualquer coisa, desde que o fizessem para a glória de Deus. Quando fiz um balanço de minhas escolhas alimentares e de estilo de vida, percebi que comia e bebia para a minha glória. Essa percepção mudou minha atitude em relação às escolhas que fiz e me colocou em um caminho em direção a um "eu" mais saudável e que glorifica a Deus.

> Portanto, quer vocês comam, quer bebam, quer façam qualquer outra coisa, façam para a glória de Deus.
> 1 Coríntios 10:31

UM PASSO À FRENTE

Muitos de nós sofrem de problemas de saúde que não podemos controlar, mas também há muitas doenças causadas pelas escolhas que fazemos. Sejam honestos consigo mesmos e um com o outro: há mudanças que você precisa fazer para glorificar melhor a Deus com seu corpo e sua saúde e para ser um melhor parceiro no casamento? Peça a Deus para guiá-lo(a) e capacitá-lo(a) quanto a isso, compartilhe com seu cônjuge como ele(a) pode ajudá-lo(a) a fazer escolhas mais saudáveis. Encontre amizades que o(a) ajudem a manter-se responsável e, em seguida, faça o que você sabe que precisa fazer.

67

Pequenas coisas importam

Lori

Qual foi a última vez que você fez algo atencioso? Vários amigos e eu estávamos compartilhando histórias em um restaurante local quando minha amiga Caroline disse: "Passamos o Dia de Ação de Graças com minha filha e meu genro em um *Airbnb*. Ela é a cozinheira em casa na maior parte do tempo, e lá ela amou a assadeira de cobre em um dos armários. Quando ela não estava olhando, pesquisei o fabricante na *internet*. Algumas semanas depois, eu a surpreendi com duas de presente. Ela ficou muito feliz".

Outra amiga contou que perguntou ao filho quais livros faltavam em sua série favorita. Em seguida, ela vasculhou brechós e bibliotecas para encontrar os volumes que faltavam.

Nossas conversas me fizeram lembrar que a consideração nem sempre é espontânea. Às vezes, ela exige esforço e intencionalidade. João, o discípulo, em seu belo livro sobre o amor de Cristo, lembrou aos cristãos: "Filhinhos, não nos limitemos a dizer que amamos uns aos outros; demonstremos a verdade por meio de nossas ações" (1 João 3:18). O amor se prova por meio de demonstrações tangíveis. Infelizmente, descobri que muitas vezes faço coisas atenciosas para todos, menos para o meu marido. Por que isso, se eu o amo tanto?

Minha amiga Jeanne mantém anotações de "favoritos". Sempre que um ente querido menciona algo que gostou, ela usa um aplicativo em seu telefone para anotá-lo. Agora ela tem uma lista de ideias para quando quiser demonstrar seu amor. Comecei a fazer isso para com meus filhos, netos e amigos, mas, especialmente, para com meu marido.

De maneiras grandes e pequenas, quero demonstrar a ele que o amo. *Porque as pequenas coisas importam.*

Filhinhos, não nos limitemos a dizer que amamos uns aos outros; demonstremos a verdade por meio de nossas ações.
1 João 3:18

UM PASSO À FRENTE

Pense em como você se sentiu na última vez em que alguém fez algo atencioso por você. Você não gostaria de fazer com que seu cônjuge se sentisse assim? Abra seu telefone e comece uma lista de "favoritos". Compartilhem um com o outro sua refeição favorita, restaurante, atividade, passeio local e assim por diante. Planeje uma maneira de fazer aqueles a quem você ama sorrirem.

68

Oração e engajamento bíblico

David

"Nos Estados Unidos, as pessoas perguntam: 'Como você está?', mas, na verdade, não querem saber", disse Filipe, um queniano que frequentava nossa igreja enquanto estudava no seminário. "A maioria das conversas é muito superficial." O comentário dele me veio à mente recentemente durante meu tempo de descanso.

Com que frequência você se aproxima de mim como Filipe descreveu? Deus disse ao meu coração. *Você realmente quer saber o que tenho a dizer quando vem a mim em oração e leitura da Bíblia, ou é apenas uma formalidade?*

"É claro que eu quero saber", pensei. Mas será que quero mesmo? Será que fico o tempo suficiente para dar a Deus a chance de falar ao meu coração? Será que aplico o que li em minha vida ou apenas sigo em frente? Será que realmente quero me conectar com Deus ou simplesmente despejo minha lista de pedidos sobre Ele e saio correndo?

A professora de assuntos bíblicos Grace Hamrick encorajava os seguidores de Jesus a fazerem esta pergunta ao final de sua leitura bíblica: "Se eu crer e agir de acordo com o que Deus revelou nessa passagem, de que forma meu coração será transformado e minha vida será diferente amanhã?".

Quando faço isso, sigo esta orientação bíblica: "Não se limitem, porém, a ouvir a palavra; ponham-na em prática" (Tiago 1:22). Meu momento de introspecção atenciosa maximiza a minha leitura bíblica e meu tempo de oração, além de me ajudar a crescer em fé e em santidade. Como Filipe me lembrou, não quero passar correndo por Deus (ou por outras pessoas) em meu percurso para outras "coisas mais importantes".

> Não se limitem, porém, a ouvir a palavra;
> ponham-na em prática. Do contrário,
> só enganarão a si mesmos.
> Tiago 1:22

UM PASSO À FRENTE

Com que frequência você se apressa em seu tempo de oração e leitura bíblica? Durante a próxima semana, utilize a pergunta da professora Grace Hamrick no final de sua leitura bíblica. Compartilhem os resultados um com o outro. Se você não lê a Bíblia regularmente, comece hoje. Leia um capítulo por dia do evangelho de João e faça a referida pergunta. Compartilhe o que aprendeu com o seu cônjuge.

69

Ore por coragem

Lori

Sejamos honestos. Compartilhar Jesus pode ser assustador. No clima social e político de hoje, alguns veem os cristãos como obstáculos ou, pior ainda, como *perigosos*. Temos medo de sermos rotulados, silenciados ou perseguidos.

No entanto, Deus chamou os cristãos para compartilhar a razão da esperança que temos em Cristo com as pessoas que Ele colocou em nossa vida, estando "sempre preparados para explicá-la" (1 Pedro 3:15). Ficar em silêncio não é uma opção. Como um médico que tem a cura para uma doença fatal, somos obrigados a compartilhar o antídoto para a doença do pecado que assola o mundo. Considero esse chamado, na melhor das hipóteses, um pouco incômodo e, na pior, terrivelmente aterrorizante. "De qualquer forma, o amor de Cristo nos impulsiona" (2 Coríntios 5:14).

Então, o que fazemos com nosso medo? Pedro e João nos indicam o caminho.

Atos 4 relata que Pedro e João tinham realizado sinais e maravilhas suficientes para chamar a atenção do sumo sacerdote e dos saduceus. As autoridades os prenderam, lançaram-nos na prisão e os advertiram para que nunca mais falassem de Jesus.

No entanto, em vez de se lamentarem diante de Deus sobre a injustiça que sofreram, eles se mantiveram firmes em fé e propósito. Depois de libertos, Pedro e João encontraram-se com outros discípulos e, após relatarem o ocorrido, todos oraram fervorosamente por coragem a fim de continuarem a proclamar a mensagem do Senhor. E Deus respondeu à oração deles: "todos ficaram cheios do Espírito Santo e pregavam corajosamente a palavra de Deus" (Atos 4:31).

Nós também podemos fazer essa oração. Como casal e individualmente, podemos pedir a Deus que nos torne Suas corajosas testemunhas. Certamente, Ele nos dará coragem para enfrentar qualquer coisa que surgir em nosso caminho.

E agora, Senhor, ouve as ameaças deles e concede
a teus servos coragem para anunciar tua palavra.
Atos 4:29

UM PASSO À FRENTE

Qual aspecto de compartilhar a sua fé você considera mais assustador? Que temores você tem em relação à sua família? Compartilhem seus pensamentos um com o outro. Leiam Atos 4 e peçam a Deus que conceda a cada um de vocês a coragem proveniente do Espírito Santo para obedecer à comissão de Deus.

70

Não se lembram?

David

Tenho andado com o Senhor desde os 17 anos. Eu o vi curar e restaurar, prover e proteger. Ele salvou meus entes queridos, curou pessoas que os médicos diziam que poderiam morrer e restaurou relacionamentos desfeitos. Ele veio e me apoiou quando eu estava triste e atendeu a necessidades que eu não conseguia atender sozinho.

Como passei a conhecer melhor a Deus e a confiar mais nele, é menos provável que eu entre em pânico quando uma provação adentra à minha vida. Porém, às vezes, minha fé ainda oscila. Eu me esqueço do que Deus fez por mim no passado. Mateus 16 me diz que não estou sozinho nisso.

Em uma conversa entre Jesus e Seus discípulos, ficamos sabendo que eles haviam se esquecido de levar comida para a viagem. Diante disso, Jesus os advertiu quanto ao "fermento dos fariseus" (v.6), e eles entraram em pânico. *Ah, não, Ele sabe que esquecemos de levar pão. O que faremos agora? Não temos nada para comer.*

Os discípulos se esqueceram de como Deus havia provido para eles. Às vezes, eu também esqueço. Jesus mencionou isso quando disse: "*Não se lembram* dos cinco pães para os cinco mil e dos cestos de sobras que recolheram? Nem dos sete pães para os quatro mil?" (vv.9-10, ênfase adicionada). Por que então eles estavam preocupados?

Fico imaginando quantas vezes Deus vê meu medo e diz: "Você não se lembra?". Será que algum dia chegarei a um ponto em que não me sentirei ameaçado quando uma crise adentrar à minha vida? Espero que sim.

Quero que minha confiança continue a crescer à medida que eu experimento a fidelidade de Deus.

> Ainda não entenderam? Não se lembram dos cinco pães para os cinco mil e dos cestos de sobras que recolheram? Nem dos sete pães para os quatro mil e dos cestos grandes de sobras que recolheram?
>
> Mateus 16:9-10

UM PASSO À FRENTE

Qual é a sua primeira reação quando uma provação chega à sua vida? Você entra em pânico e esquece o que Deus fez ou se lembra de outras vezes em que Ele cuidou de você? Relembrem juntos e compartilhem exemplos de como Deus atendeu às suas necessidades até agora. Ore e peça a Ele que atenda às suas necessidades hoje.

71

O jardim da Nonnie

Lori

Há alguns anos, a outra avó dos meus netos, Nonnie, viajou de Nova Iorque para a Carolina do Sul a fim de visitá-los. As árvores esbanjavam flores, as azaleias floresciam e os vizinhos cuidavam de seus jardins e quintal.

Nonnie mal podia esperar para colocar as mãos na terra. "Você se importaria se Lauren e eu usássemos um pequeno espaço em seu jardim? Comprei um pacote de sementes perenes e achei que ela gostaria de vê-las crescer." Concordei animadamente, e elas se ocuparam com o plantio. Em pouco tempo, surgiram pequenas mudas. Desde então, a cada primavera, as flores retornam, enchendo o "jardim da Nonnie" de cores vivas e aromas agradáveis.

Nonnie e eu somos avós que oram muito. Assim como colaboramos com o jardim de flores da nossa neta, também labutamos juntas para semear boas sementes e termos uma boa colheita espiritual na vida de nossos netos.

Timóteo, o jovem pastor da igreja de Éfeso e aprendiz de Paulo, tinha uma avó cristã. Em sua segunda carta a Timóteo, Paulo se referiu à "sua fé sincera, como era a de sua avó, Loide" (1:5). Não sei se Loide cuidava de um jardim com Timóteo, mas acredito que ela orava por ele.

Nonnie e eu também oramos juntas uma vez por mês, por telefone. Pedimos a Deus que regue as sementes de fé que nossos filhos estão plantando na vida de nossos netos. Oramos pela proteção, pureza e crescimento espiritual deles. E oramos por nossos filhos, para que Deus lhes dê sabedoria, paciência e amor durante estes anos desafiadores de criação dos filhos. Nossa esperança é que nossos netos se tornem um belo e perfumado testemunho da misericórdia e da graça de Deus.

> Lembro-me de sua fé sincera, como era a de sua avó, Loide, e de sua mãe, Eunice, e sei que em você essa mesma fé continua firme.
>
> 2 Timóteo 1:5

UM PASSO À FRENTE

Seja você avó, avô, pai, mãe, membro da família ou somente um amigo, você pode plantar sementes espirituais na próxima geração por meio de atos de fé e oração. Assim como a influência de Loide e Eunice impactou a vida do jovem Timóteo, sua influência e intercessão piedosas podem suavizar o solo do coração dos jovens em sua vida. Nunca subestime o poder da oração. Orem juntos pelas crianças de sua vida. Se vocês ainda não têm filhos, orem por seus futuros filhos.

72

Rápido para falar, mas lento para ouvir?

David

Eu estava preenchendo um formulário de solicitação de emprego no escritório de uma escola, quando um jovem entrou com sua mãe. Eles olharam em volta e ela o empurrou em direção ao balcão dizendo: "Peça à senhora uma ficha de inscrição".

A atendente o orientou: "Preencha-a com cuidado. Coloque seu último nome primeiro".

Ele parou depois de preencher algumas linhas.

"Mãe, acho que este não é o formulário certo".

A mãe retrucou: "Filho, se você não preencher esse papel, não terá o que precisa para se formar. Não tenho o dia todo".

"Mas, mãe, esta é uma solicitação de candidatura", disse o jovem, segurando a prancheta.

"Filho, eu lhe disse para preencher esse papel. Não me venha com conversa fiada. Você não se formará com sua beca, a menos que o preencha".

Finalmente, o jovem respondeu, elevando a voz para corresponder à sua frustração: "Mãe, isto é um formulário para me candidatar a um *emprego*!".

Lori riu quando descrevi o rapaz frustrado que apenas queria um capelo e uma beca, mas acabou se candidatando a um emprego. Entretanto, a falta de comunicação não é motivo de piada. O apóstolo

Tiago, escrevendo aos primeiros cristãos, incentivou-os a estarem "prontos para ouvir, mas não se [apressarem] em falar..." (Tiago 1:19). Ele sabia que, às vezes, temos tanta certeza de que estamos certos, que não paramos de falar a fim de ouvir a perspectiva de outra pessoa. Se agirmos assim, não estaremos *realmente* ouvindo, e sim somente esperando uma chance de expressar nossa opinião.

Fico imaginando quantas falhas de comunicação frustrantes evitaríamos se seguíssemos o conselho de Tiago e ouvíssemos mais os outros, ao invés de falarmos tanto.

Entendam isto, meus amados irmãos: estejam todos prontos para ouvir, mas não se apressem em falar nem em se irar.
Tiago 1:19

UM PASSO À FRENTE

Uma pessoa sábia disse certa vez que uma conversa começa quando a primeira pessoa ouve. Na comunicação com seu cônjuge, você tende a ser rápido para ouvir e lento para falar, ou rápido para falar e lento para ouvir? O primeiro passo para se tornar um bom ouvinte é "fechar" a boca e "abrir" os ouvidos. Experimente fazer isso em suas conversas hoje.

73

Não apenas pense, fale!

Lori

Prendi a respiração ao ouvir a conversa entre meu marido e um amigo de temperamento "difícil". A conversa se tornaria uma discussão ou eles resolveriam o problema? Fiz uma rápida oração.

Momentos depois, eu sorri. David havia reagido com humildade e gentileza, conseguindo neutralizar o possível conflito.

Na manhã seguinte, eu ainda sorria ao agradecer a Deus pela resposta madura de David. Então me ocorreu um pensamento: *Por que estou guardando todos esses sentimentos de satisfação para mim? Eu deveria compartilhá-los com David.*

Não sei por que temos a tendência de expressar nossas queixas, mas ficamos calados quando se trata de elogios. Quando nosso cônjuge faz algo gentil, é mais provável deixarmos passar sem comentar ou expressarmos gratidão? Quando nosso cônjuge se esforça para atender a um pedido especial, retemos pensamentos calorosos e de satisfação em nós ou procuramos uma oportunidade para expressar nossa gratidão à pessoa amada?

Quando reconhecemos, em voz alta, nosso apreço pelas ações que honram a Deus, nós as validamos e reforçamos o bom comportamento. O rei Salomão descreveu isso muito bem: "Palavras bondosas são como mel: doces para a alma e saudáveis para o corpo" (Provérbios 16:24). Todos os dias, Deus nos concede a chance de mergulharmos no pote de mel das boas palavras e derramar um refresco vivificante na alma de nosso cônjuge.

Quem sabe? No tempo certo, Deus pode usar nossas palavras para fortalecer alguém em um dia difícil no trabalho ou em uma conversa desafiadora. Nossa simples disposição de ouvir e nossa atitude de gratidão podem fazer com que a pessoa siga em frente e faça o que é certo.

Da próxima vez que o seu cônjuge fizer algo bom, não apenas pense, mas expresse sua gratidão!

Palavras bondosas são como mel:
doces para a alma e saudáveis para o corpo.
Provérbios 16:24

UM PASSO À FRENTE

Com que frequência você vê uma pessoa fazendo algo bom, mas não comenta nada? Se você for como eu, mais vezes do que gostaria de admitir. Hoje, manifeste seu apoio a cada exemplo de trabalho árduo, de palavras gentis e de ações piedosas que você perceber. Comece por algo de bom que tenha visto seu cônjuge fazer recentemente.

74

Procurando pérolas

David

Sou muito parecido com muitas pessoas desta geração: impaciente. Minha impaciência muitas vezes se manifesta em minha vida espiritual, especialmente em minha leitura bíblica. Fico frustrado quando não entendo tudo na primeira vez que leio (ou mesmo ao ler uma segunda ou terceira vez).

A Bíblia nos diz o porquê: "A glória de Deus é encobrir as coisas, mas a glória dos reis é investigá-las" (Provérbios 25:2 NAA). Esse versículo me lembra que Deus não espalhará as pérolas de Sua sabedoria ao chão a fim de que qualquer pessoa as pegue. Se eu quiser entender as coisas profundas sobre Sua Palavra, Sua vontade e Seus caminhos, preciso investigá-las.

A parte impaciente (e ouso dizer, preguiçosa) de mim quer ler uma passagem uma única vez e entender tudo o que ela traz de sabedoria. Em vez disso, Deus oculta Sua verdade para que somente os diligentes a descubram. Leia Mateus 13:11-17, é por isso que Jesus usava parábolas. Dessa forma, os discípulos o buscavam, já que queriam entender o que Ele falava, e Ele revelava a verdade espiritual que eles desejavam. O Senhor escondeu a Sua verdade daqueles que não se importavam o suficiente a ponto de se esforçarem.

Deus é complexo e fascinante. Posso investigá-lo por muito tempo e nunca o compreender por completo. O mesmo acontece com a esposa que Deus me deu. Mas, se eu me esforçar para entendê-la, aprender seu jeito de ser e descobrir o que a faz rir e chorar, nosso relacionamento ficará melhor e mais belo a cada dia.

> A glória de Deus é encobrir as coisas,
> mas a glória dos reis é investigá-las.
> Provérbios 25:2 NAA

UM PASSO À FRENTE

Você se anima ou se frustra com o fato de que é preciso trabalhar para entender tanto a Deus quanto as pessoas que Ele criou à Sua imagem? Pense em outras atividades que exigiram de você tempo e esforço: sua profissão, seus *hobbies* ou a sua educação formal. Por que sempre pensamos que os relacionamentos deveriam ser "fáceis"? Comprometa-se hoje a se esforçar tanto quanto for necessário para buscar a Deus e a entender melhor o seu cônjuge. Leia Hebreus 11:6 para ser encorajado a isso.

75

Travesseiros e boas dádivas divinas

Lori

Quando meu novo conjunto de edredom chegou, ele veio com duas fronhas e três travesseiros decorativos. Meu coração, que ama a beleza, se alegrava toda vez que eu olhava para o nossa cama perfeitamente arrumada.

Fiquei imaginando como David lidaria com o aumento de nosso número de travesseiros. Em nossa casa, o último a se levantar é quem arruma a cama. Seis dias a cada sete, é ele. Ele faz isso sem reclamar, mas será que mais cinco travesseiros (desnecessários) o levariam ao seu limite? Não. Todas as manhãs ele arruma a cama e coloca cada travesseiro em seu lugar. Um dia, quando lhe agradeci, ele deu de ombros e disse: "É uma coisa pequena, mas sei que faz você feliz". Todas as manhãs, quando olho para minha cama bem arrumada (com todos os sete travesseiros em seu lugar), sinto-me amada.

Não é Deus, mas David, que arruma a cama todas as manhãs, entretanto vejo evidências do amor de Deus em todas as coisas ao longo do meu dia. Quanto a boa noite de sono que tive? Uma dádiva de Deus. O passarinho empoleirado no comedouro que me fez sorrir? Foi Deus quem o enviou. O versículo das Escrituras que fortalece a minha alma o qual li durante o meu tempo devocional? Veio diretamente do coração de Deus.

Tiago, líder da igreja em Jerusalém, escreveu uma carta ao povo judeu espalhado pelo mundo. Ele os lembrou de que Deus é a fonte suprema de todas as boas dádivas. Deus pode usar pessoas para distribuí-las, mas todas elas se originam antes em Seu coração amoroso. Quando me lembro disso, sou rápida em agradecer tanto a quem me presenteia com belas coisas quanto ao Doador de todas as boas dádivas em minha vida.

Toda dádiva que é boa e perfeita vem do alto,
do Pai que criou as luzes no céu. Nele não há variação
nem sombra de mudança.

Tiago 1:17

UM PASSO À FRENTE

Reserve um minuto para listar algumas das boas dádivas que Deus enviou à sua vida por meio de seu cônjuge. Agradeça a ele ou ela por ser portador(a) das boas dádivas de Deus. Em seguida, agradeça a Deus por Ele ser o maior Doador de boas dádivas que existe.

76

Orgulho ou graça?

David

Eu realmente não queria ir à sessão de aconselhamento que Lori marcou com um dos conselheiros de nossa igreja. Eu sabia que seria tudo sobre mim: o que eu deveria estar fazendo, o que eu não estava fazendo ou o que poderia fazer melhor. Na relativa segurança do escritório do conselheiro, minha esposa e minha filha adolescente expressaram algumas das mágoas e frustrações que sentiam, mas que não sabiam como abordar. Senti-me emboscado e irritado.

Ao relembrar aquele encontro, tenho de admitir que o conselheiro foi justo e gentil. Ele me convidou a compartilhar meus pensamentos e ouviu minha perspectiva. Infelizmente, meu orgulho me impediu de ouvir a dele. Paramos de ir ao aconselhamento após mais uma sessão.

Felizmente, Deus nos ajudou a superar esses tempos turbulentos, e eu me tornei mais sábio. Reconheço que mesmo as famílias emocionalmente saudáveis, às vezes, também precisam de ajuda. Deus fornece profissionais treinados e compassivos para mediar certas questões quando chegamos a um impasse. Ele os equipa para oferecer uma visão piedosa de situações que parecem não ter conserto.

O apóstolo Pedro escreveu à igreja: "E todos vocês vistam-se de humildade no relacionamento uns com os outros" (1 Pedro 5:5). Ter um coração humilde e ensinável nos permite receber sabedoria dos outros. Embora exija que admitamos quando estamos errados, isso abre as comportas da graça de Deus sobre nós. Quanto mais experiente (e espero que mais sábio) eu fico, quero me tornar mais humilde diante de Deus e dos outros a fim de receber a ajuda dele quando mais preciso dela.

> E todos vocês vistam-se de humildade no relacionamento uns com os outros. Pois, "Deus se opõe aos orgulhosos, mas concede graça aos humildes". Portanto, humilhem-se sob o grande poder de Deus e, no tempo certo, ele os exaltará. Entreguem-lhe todas as suas ansiedades, pois ele cuida de vocês.
>
> 1 Pedro 5:5-7

UM PASSO À FRENTE

O orgulho já o(a) impediu de pedir ou receber ajuda quando necessário? De que maneira 1 Pedro 5:5 diz que Deus nos responderá quando reagirmos com orgulho? Como Ele responde aos humildes? De que maneira ou em que aspecto do relacionamento você pode demonstrar humildade para com o seu cônjuge?

77

A bênção da fé infantil

Lori

"Primeiro, você pega um monte de neve e o compacta no chão. Em seguida, você rola a bola pelo chão até que ela fique maior. Faça mais duas bolas e você terá um boneco de neve". Os olhos sorridentes de Caroline, minha neta de 6 anos, brilharam ao ouvir a cena que descrevi.

"Você nunca viu neve onde você mora", fiz uma pausa. "Espero que tenhamos neve neste inverno para que você possa fazer um boneco de neve".

"Eu também quero isso! Vamos orar", disse ela.

Oramos, de fato. Fechamos os olhos e oramos: *Querido Deus, por favor, envie neve neste inverno para que a Caroline possa fazer um boneco de neve. Em nome de Jesus, é o que te pedimos, amém.* Abrimos os olhos, e ela acenou com a cabeça em sinal afirmativo. O assunto estava resolvido: a neve estava a caminho.

Entretanto, eu já não tinha tanta certeza. Ah, eu, que tenho pouca fé, acrescentei uma oração silenciosa: *Pai, por favor, recompense a fé dessa menininha e faça a sua fé crescer. Envie-nos neve neste inverno.*

Novembro, dezembro e a maior parte de janeiro se passaram sem neve.

Então, em um sábado, acordamos com 5 cm da neve mais linda que já vi. Foi um presente de amor direto do Céu para uma garotinha que teve fé suficiente para pedir ao Pai celestial o que o coração dela desejava.

Jesus disse a Seus discípulos que, se não se tornassem como crianças, não entrariam no Reino dos céus. Talvez seja por isso que Ele traz crianças com grande fé para a nossa vida: para nos ensinar como devemos ser.

> Então Jesus chamou uma criança pequena
> e a colocou no meio deles. Em seguida,
> disse: "Eu lhes digo a verdade: a menos que vocês
> se convertam e se tornem como crianças,
> jamais entrarão no reino dos céus".
> Mateus 18:2-3

UM PASSO À FRENTE

Um dos grandes privilégios do casamento é a oportunidade de compartilhar nossa fé com as gerações seguintes. Quer vocês tenham filhos ou netos (ou não), orem juntos e peçam a Deus que lhes conceda oportunidades de compartilhar sua fé com crianças. Mas não se limitem a falar, ouçam-nas também. Aprendam uns com os outros e cresçam juntos na fé.

78

Parceria com seu pastor

David

Lembra deste antigo ditado: "Não julgue alguém até que você tenha caminhado uma milha com os sapatos dele"? Essas palavras se tornaram especialmente significativas para mim quando me tornei pastor.

Antes de servir no ministério, eu às vezes criticava os sermões de meus pastores, reclamava da maneira como eles interagiam com a congregação, ou ainda criticava sua liderança.

As Escrituras nos dizem que aqueles que servem na liderança da igreja serão "julgados com mais rigor" (Tiago 3:1); logo, devemos estender mais graça a eles. Quando aceitei o pastorado de uma igreja e andei um pouco com os sapatos de pastor, adquiri uma nova (e mais compassiva) perspectiva.

Aprendi que os pastores também são humanos. Às vezes, eles tomam decisões ruins e, em outras vezes, perdem a paciência e dizem coisas que não deveriam. Eles também lutam contra o pecado e ficam desanimados, deprimidos e com medo: assim como todo mundo. Eles suportam os fardos físicos, emocionais e espirituais da igreja. Às vezes, também ficam cansados.

Moisés, o líder dos israelitas, ficou cansado durante a batalha contra os amalequitas. Quando ele abaixava os braços, que representavam o poder de Deus que atuava por meio dele, os israelitas perdiam terreno. Quando ele os levantava, eles venciam. Deus usou Arão e Hur, posicionados em ambos os lados de Moisés, para apoiar seus braços enquanto ele os levantava. Os israelitas prevaleceram, e Deus recebeu a glória.

Nossos pastores não podem combater o bom combate sozinhos. Eles precisam que homens e mulheres piedosos os acompanhem e assumam parte da carga espiritual. Por meio de oração, palavras de incentivo e ajuda prática, podemos nos associar aos líderes de nossa igreja para avançar *juntos* no Reino de Deus.

> Os braços de Moisés, porém, logo se cansaram.
> Então Arão e Hur encontraram uma pedra para Moisés
> se sentar e, um de cada lado, mantiveram
> as mãos dele erguidas. Assim, as mãos permaneceram
> firmes até o pôr do sol.
> Êxodo 17:12

UM PASSO À FRENTE

Você já imaginou como seria servir mais ativamente a uma igreja? Pense em maneiras de apoiar e encorajar os líderes de sua igreja. Convide-os para uma refeição. Ore por eles. Envie a eles uma mensagem de texto ou um *e-mail* agradecendo pelo ministério que eles exercem em sua vida.

79

Os "sim" e os "não" das épocas da vida

Lori

Se alguém contasse todos os "sim" e os "não" que saíram de seus lábios, você teria mais pontos na categoria "sim" ou na categoria "não"?

Os tipos cautelosos tendem a precisar de muito tempo e informações antes de tomar uma decisão. Nós (eu, Lori, me incluo nessa categoria) tememos a incerteza da mudança e hesitamos em abraçar novas experiências. Nossa configuração padrão é geralmente "não". Os tipos aventureiros e de espírito livre (como David, geralmente o filho do meio ou o caçula da família) aceitam bem a mudança e as novas experiências. Sua configuração padrão geralmente é "sim".

Em nossa casa, os "sim" e os "não", às vezes, brigam. Aprendemos que, sem um equilíbrio saudável, a natureza excessivamente cautelosa de quem é do time do "não" pode estragar momentos de espontaneidade e diversão na vida. O "sim" em excesso, às vezes é muito imprudente e pode destruir orçamentos ou planos previamente acordados.

Os que dizem "sim" e os que dizem "não" precisam aprender a valorizar a perspectiva um do outro e a considerar a visão do outro ao tomarem decisões. Quando fazemos isso, geralmente chegamos a uma decisão mais sábia e equilibrada.

O sábio rei Salomão, em Eclesiastes 3:1-8, observou que há "um momento certo para tudo, um tempo para cada atividade" (v.1). Quando os que dizem "não" fazem uma limpa no guarda-roupa ("tempo de derrubar" (v.3)), os que dizem "sim" conseguem as roupas para doar aos que necessitam ("tempo de construir" (v.3)). Quando se honra o desejo dos cautelosos e se economiza ("tempo de [ajuntar]", (v.5)), surgem os fundos para a viagem que aventureiros planejaram ("tempo de espalhar" (v.5)).

Ouvir os diferentes pontos de vista de seu cônjuge o ajuda a maximizar os diferentes momentos e situações que Deus tem para vocês dois, tanto para o bem de vocês quanto para a glória dele.

Há um momento certo para tudo,
um tempo para cada atividade debaixo do céu.
Eclesiastes 3:1

UM PASSO À FRENTE

Você tende a dizer mais "sim" ou "não"? Por quê? Fale sobre épocas em seu relacionamento em que essa tendência ajudou o seu casamento. Houve épocas em que essa tendência o atrapalhou? De que forma? Fale sobre como ambas as perspectivas podem ajudá-lo a trafegar pelo momento da vida em que estão agora.

80

Irmão, empresta-me uma moeda?

David

Eu conhecia a advertência bíblica sobre não emprestar dinheiro que eu não pudesse doar. Mas quando meu amigo pediu um empréstimo de 2.500 reais "só até sexta-feira", eu concordei. Não conversei com Lori sobre o assunto, e não orei a respeito. Ele precisava dessa quantia para cobrir um déficit. E, assim que recebesse o pagamento, ele me devolveria o dinheiro. Lori jamais saberia.

Só que ele não me pagou e eu tive que contar a verdade para a Lori. Felizmente, Deus me deu a graça de confessar humildemente e pedir perdão a ela. E o Senhor deu graça a ela para me perdoar. Eu poderia ter reagido com orgulho e dito: "Sou o chefe desta casa. Posso emprestar dinheiro a quem eu quiser". Mas não o fiz. Admiti meu erro e pedi perdão a ela.

A Bíblia, especialmente o livro de Provérbios, contém muitos conselhos sobre como administrar o dinheiro: um número muito grande para contar aqui. A Palavra de Deus nos incentiva a doar generosamente, a viver dentro de nossas possibilidades e a nos comportarmos honestamente. Também nos diz para não emprestarmos dinheiro que não podemos nos dar ao luxo de perder. Se eu tivesse orado sobre o pedido do meu amigo e conversado com Lori, teríamos evitado um grande erro. Minha má decisão poderia ter nos dividido ou nos colocado em dificuldades financeiras. Felizmente, essa foi uma lição que aprendemos juntos e, desde então, isso jamais se repetiu.

> Não se comprometa a garantir a dívida
> de outro, nem aceite servir de fiador.
> Provérbios 22:26

UM PASSO À FRENTE

Como você lida com dinheiro? Vocês têm um plano para lidar com despesas inesperadas, pedidos de empréstimos e uma boa administração financeira em geral? Vocês oram juntos e consultam um ao outro e a Palavra de Deus antes de tomar qualquer decisão financeira importante? Se não, considerem fazer juntos um curso financeiro cristão ou um estudo bíblico focado nesse aspecto.

81

Quando você peca novamente

Lori

Você pecou... de novo! Talvez você tenha falado de forma indelicada e ferido seu cônjuge pela terceira vez nesta semana. Você está tentando controlar suas palavras, mas a transformação é lenta. Será que você acha difícil abraçar o perdão de Deus?

Talvez na sua mente, soe assim: *Não acredito que falei com ela daquele jeito... de novo. Depois de ter pedido perdão e prometido melhorar. Sou um péssimo cristão! Na igreja, eu canto louvores sobre a vitória de Jesus, mas certamente não estou experimentando tal verdade nessa área da minha vida. Que fracassado eu sou!*

Quando me sinto tentado a me desesperar por causa de mais um fracasso, as palavras de Jesus ao Seu discípulo Pedro me confortam. Na noite em que Jesus foi traído, Ele disse aos seus seguidores mais próximos: "Todos vocês me abandonarão" (Marcos 14:27). Pedro declarou que, mesmo que todos os outros abandonassem Jesus, ele jamais faria isso. Jesus discordou: "Eu lhe digo a verdade: esta mesma noite, antes que o galo cante duas vezes, você me negará três vezes" (v.30).

Por que a presciência de Jesus sobre a traição de Pedro me conforta? Porque Jesus sabia que Pedro falharia com Ele, mas ainda assim o chamou para ser um de Seus discípulos.

Como Pedro, quero viver para agradar a Deus, mas muitas vezes falho. Quando isso acontece, Deus não fica surpreso, nem mesmo desesperançado comigo. Ele não cria desculpas para o meu pecado, mas também não me abandona por causa dele. Deus me perdoa a cada vez que peço sinceramente pelo Seu perdão; Ele também promete me ajudar a crescer em maturidade espiritual. Isso me permite seguir em frente, mesmo quando falho mais uma vez.

> Jesus respondeu: "Eu lhe digo a verdade:
> esta mesma noite, antes que o galo cante duas vezes,
> você me negará três vezes".
> Marcos 14:30

UM PASSO À FRENTE

Como você normalmente reage ao seu pecado ou falha? Depois de confessar e pedir o perdão de Deus, você ainda luta para aceitar esse presente gratuito? De que maneira o amor inabalável de Deus e a presciência dele em relação ao seu pecado podem ajudar você a buscar o perdão do Senhor e a caminhar com a liberdade de saber que você foi perdoado(a)? Pense em maneiras pelas quais você pode lembrar seu cônjuge do perdão de Deus hoje. Depois, orem juntos, agradecendo a Deus por Seu perdão e amor.

82

Quem é o seu provedor?

David

O dia em que perdi meu emprego foi um dos dias mais assustadores de minha vida. Como eu poderia contar para minha esposa? Como olharia para os meus filhos? O que as pessoas diriam quando soubessem que eu havia sido demitido?

Fui para a cama naquela noite planejando procurar um novo emprego pela manhã, mas dores de estômago debilitantes e ondas violentas de náusea me dominaram. Elas continuaram por semanas, acumulando desânimo sobre desânimo.

Nunca mais quero passar por aqueles meses horríveis, mas Deus os usou para me ensinar uma lição valiosa. Não sou nenhum Abraão, mas certamente pude me identificar com sua experiência relatada em Gênesis 22. Abraão não era perfeito. Ele fez algumas decisões ruins, mas estava lá no monte Moriá porque Deus os havia levado até lá. Da melhor forma que sabia, ele estava obedecendo à ordem de Deus de confiar nele, ainda que Deus o tivesse convocado para sacrificar seu único filho sobre um altar.

A Bíblia registra a pergunta de seu filho: "'Temos fogo e lenha', disse Isaque. 'Mas onde está o cordeiro para o holocausto?'. 'Deus providenciará o cordeiro para o holocausto, meu filho' respondeu Abraão" (Gênesis 22:7-8). Abraão sabia que, se Deus não interviesse, ele não tinha um plano B.

Entretanto, Deus se manifestou. Ele providenciou um cordeiro para tomar o lugar de Isaque como sacrifício, fortalecendo a confiança de Abraão e provando Sua fidelidade ao Seu servo e à família dele.

Deus também se manifestou a nós. Por meio de uma combinação de economias, de dádivas de amor e de "coincidências" inexplicáveis, *Javé-Jiré* ("O SENHOR Proverá" – v.14 NAA) atendeu a todas as necessidades da minha família. Ele me ensinou que posso confiar nele para cuidar de nós. É Deus, e não meu trabalho, que é o meu Provedor.

Abraão chamou aquele lugar de Javé-Jiré [...]:
"No monte do SENHOR se providenciará".
Gênesis 22:14

UM PASSO À FRENTE

Qual é o equilíbrio entre trabalhar arduamente para sustentar sua família e assumir uma responsabilidade que, de fato, não é sua? De que maneira um entendimento correto de nossos papéis pode nos proteger do estresse e do medo desnecessários? Se as preocupações financeiras estiverem lhes causando estresse, orem juntos e, em seguida, reconheçam Deus como o seu Provedor.

83

Separados, mas unidos pelo Espírito

Lori

David e eu estávamos cuidando de nossos quatro netos pequenos enquanto seus pais desfrutavam de uma viagem no fim de semana. Quando conversamos sobre o que fazer com relação à igreja no domingo, concordamos que seria melhor, em especial para a criança de 2 anos, seguir a rotina da família o máximo possível. David iria à nossa igreja (afinal, ele era o pastor), e eu iria com as crianças à igreja deles.

Nosso plano funcionou perfeitamente. Cada criança (até mesmo o menor) pulou alegremente para suas respectivas turmas de escola bíblica dominical, e eu me juntei aos adultos no santuário para a adoração. Quando o grupo de louvor começou a entoar o hino de abertura, percebi que eles estavam cantando o mesmo hino que o ministro de louvor da nossa igreja havia planejado para aquela manhã.

Essa "coincidência" divina me fez lembrar que, embora os cristãos se reúnam no domingo em igrejas e locais diferentes, ainda somos, como Paulo lembrou à igreja de Éfeso, um só Corpo, unido por um só Espírito e adorando um só Deus.

Embora a distância física e duas experiências diferentes na igreja nos separassem, David e eu ainda estávamos adorando ao Senhor juntos. Essa é uma doce verdade que nos une mesmo quando o trabalho, as obrigações familiares ou as viagens exigem que estejamos longe um do outro. A distância pode nos separar, mas o Espírito nos une.

> Pois há um só corpo e um só Espírito, assim como vocês foram chamados para uma só esperança. Há um só Senhor, uma só fé, um só batismo, um só Deus e Pai de tudo, o qual está sobre todos, em todos, e vive por meio de todos.
> Efésios 4:4-6

UM PASSO À FRENTE

Quando o trabalho, as viagens ou as obrigações familiares exigem que vocês estejam longe um do outro, compartilhar o mesmo Espírito pode mantê-los próximos. Pense em maneiras de se conectar relacional e espiritualmente enquanto estiverem separados. Talvez vocês possam ler o mesmo capítulo da Bíblia, ouvirem o mesmo *podcast* ou sermão cristão, ou orarem juntos por telefone no final de cada dia.

84

Caminhos diferentes, mas o mesmo destino

David

Os membros de nossa igreja se reúnem para uma refeição, estudo bíblico e oração todas as quartas-feiras à noite. Como Lori e eu trabalhamos às quartas-feiras, chegamos à igreja de duas direções distintas. Sou um pastor bivocacional, então dirijo para o sul da concessionária de automóveis, onde trabalho em tempo integral. Lori dirige para o leste do consultório odontológico, onde trabalha há mais de 30 anos.

Nossas jornadas de quarta-feira à noite para nos encontrarmos na igreja retratam nossa vida como casal. Viemos de dois lugares muito diferentes. Eu sou o caçula da família, extrovertido e livre, o típico sulista norte-americano. Ela é a primogênita, *ianque*, do norte dos EUA, introvertida, que gosta de pontualidade. Apesar das diferenças, ambos amamos o Senhor e um ao outro.

Compartilhamos o destino comum de mantermos um relacionamento próximo com Deus. À medida que crescemos em nosso relacionamento pessoal com Ele, também nos aproximamos um do outro. Mas isso não acontece automaticamente. Assim como entramos em nossos carros separadamente e os dirigimos até a igreja, precisamos nos esforçar todos os dias para fazer escolhas individuais que nos aproximam de Deus.

Talvez seja isso que Paulo tinha em mente quando desafiou os cristãos de Filipos a serem semelhantes na "forma de pensar" (Filipenses 2:2). Apenas compartilharem um relacionamento com Cristo, serem amados e cheios do mesmo Espírito não garantia que eles tivessem o mesmo destino: estar perfeitamente unidos a Cristo. Eles precisavam se esforçar intencionalmente para isso.

> Há alguma motivação por estar em Cristo?
> Há alguma consolação que vem do amor? Há alguma
> comunhão no Espírito? Há alguma compaixão e afeição?
> Então completem minha alegria concordando
> sinceramente uns com os outros, amando-se
> mutuamente e trabalhando juntos com a mesma
> forma de pensar e um só propósito.
> Filipenses 2:1-2

UM PASSO À FRENTE

O cultivo de seu relacionamento com Deus também o(a) aproximou de seu cônjuge? Talvez Deus tenha falado com você sobre algum problema em seu casamento por meio de sua leitura bíblica diária. Ou talvez você tenha aprendido uma habilidade em um grupo ministerial que o(a) ajudou em casa. Se vocês buscam se aproximar um do outro, que medidas intencionais podem adotar para se aproximar de Deus?

85

Deus ouve os gritos silenciosos

Lori

Você já teve um sonho em que estava em perigo, e que, em desespero, gritava por socorro, mas não saía som de sua boca? Como se alguém tivesse apertado o botão de "mudo" em seu desespero? Isso aconteceu comigo recentemente. Sonhei que estava prestes a ser devorada por uma criatura com a cabeça de um jacaré e o corpo de um porco com asas.

Abri minha boca para gritar: "Ajuda-me!", mas nada aconteceu.

Na realidade, devo ter murmurado alguma coisa, pois acordei por conta própria. Fiquei feliz em ver apenas o meu marido — um pouco assustado, mas que, decididamente, não era uma mistura de porco-jacaré, deitado ao meu lado.

O rei Davi não estava sonhando quando fugiu do invejoso rei Saul e caiu nas garras do rei filisteu Abimeleque. Desesperado e com medo, Davi sabia que somente o Senhor poderia livrá-lo. O Salmo 34 é um testemunho glorioso da proteção e da preservação que Deus concedeu a Davi. Ele escreveu: "Busquei o SENHOR, e ele me respondeu; livrou-me de todos os meus temores" (v.4). "Clamei ao SENHOR em meu desespero, e ele me ouviu; livrou-me de todas as minhas angústias" (v.6). "Provem e vejam que o SENHOR é bom! Como é feliz o que nele se refugia!" (v.8).

Felizmente, não precisamos esperar até que um jacaré faminto nos tenha em suas garras ou que um rei enfurecido esteja querendo tirar nossa vida para clamarmos a Deus em oração. Quer estejamos orando por um problema grande ou pequeno, imaginário ou real, Deus sempre ouve nossos clamores e responde de acordo com a Sua boa vontade.

> O Senhor ouve os justos quando clamam por socorro;
> ele os livra de todas as suas angústias.
> Salmo 34:17

UM PASSO À FRENTE

Que medo o(a) mantém acordado(a) à noite ou rouba a alegria de seus dias? Vocês já oraram sobre isso, como casal e individualmente, tanto quanto se preocuparam com ele? Toda vez que se preocuparem, lembrem um ao outro de que podem orar e descansar na confiança de que Deus ouve cada clamor do seu coração.

86

Aproveite a vida com sua esposa

David

Quando Lori e eu levamos nossa filha mais nova para a faculdade (nos EUA, os jovens "se mudam" para dormitórios, deixando a casa dos pais), vimo-nos com tempo e liberdade que não tínhamos há 25 anos. Sentíamos falta da interação cotidiana com nossas filhas, mas também desfrutamos de uma casa mais tranquila (e mais limpa), uma conta de supermercado menor e tempo para investir em nossos *hobbies* e interesses.

No início, não sabíamos o que fazer direito. As atividades de nossas filhas tinham controlado nossos horários e nossa vida social por muito tempo. Percebi que Lori e eu estávamos tão concentrados em criar nossas filhas que havíamos negligenciado o lado "divertido" de nosso relacionamento.

Certa noite, fizemos planos sobre como trazer a diversão de volta à nossa vida. "Sempre quis passear em um cruzeiro", eu disse. Em seguida, discutimos a ideia de formar um clube de jantares com outros casais de "ninhos vazios".

"O que você acha de entrar para o *Toastmasters*?", disse Lori. "Seria divertido participarmos de um clube juntos." Acrescentei a sugestão à nossa lista e convidamos dois casais para saírem conosco, a fim de nos divertirmos em um parque local.

Já estamos há 10 anos em nossa fase de ninho vazio e, de vez em quando, reservamos um tempo para avaliar o nosso nível de diversão. Sabemos que Deus nos chama para levar a sério os compromissos, as obrigações e as rotinas de uma vida responsável, mas também precisamos abrir espaço para nos divertirmos e descansarmos na companhia um do outro.

O apóstolo Paulo, falando aos seus amados amigos em Roma, mal podia esperar para passar um tempo com eles e desfrutar de sua companhia. Ele não era casado, mas reconheceu o quanto gostava de passar tempo com aqueles que lhe eram mais queridos. Lori e eu aprendemos que nosso casamento também é muito mais feliz quando incluímos momentos de diversão, relaxamento e revigoramento em nossa vida.

> Então, pela vontade de Deus,
> poderei visitar vocês com o coração alegre
> e teremos um tempo de descanso juntos.
> Romanos 15:32

UM PASSO À FRENTE

Homens, não esperem até a fase do ninho vazio para fazer uma avaliação do nível de diversão em casal. Você gosta de estar com a sua esposa? Ela gosta de estar com você? Se lhes faltam atividades divertidas compartilhadas em sua vida, faça um planejamento de algumas coisas que gostariam de fazer juntos. Marque um horário para explorar uma delas este mês.

87

Proporção 80/20

Lori

Quando li João 16:33 pela primeira vez, eu o considerei um dos versículos mais deprimentes da Bíblia: "Aqui no mundo vocês terão aflições". Entretanto, agora ele me traz conforto e esperança. O que fez a diferença? A *proporção 80/20.*

David e eu participamos de um seminário sobre casamento em que o palestrante fez a seguinte declaração: "Em 80% das vezes, seu casamento pode ser classificado como bom, certo? Ou até mesmo ótimo. Bem, em 20% das vezes, vocês podem ter problemas de um tipo ou de outro".[5] Saber disso nos ajudou a ver os desafiadores 20% com uma perspectiva mais precisa. Os problemas fazem parte da vida. Mas não é a parte principal. Em maior parte, o casamento é bom. Na maioria das vezes, a vida é boa.

Com a proporção 80/20 em mente, podemos reconhecer os problemas como normais em vez de ficarmos surpresos e alarmados com eles.

Quando Jesus disse as palavras de João 16:33, Ele estava preparando Seus seguidores para os desafios de serem Seus discípulos. Seu próprio povo os expulsaria da sinagoga e os ameaçaria de morte (v.2). Em um determinado momento, eles ficariam tão assustados que abandonariam Jesus (v.32). O Senhor não disse isso a Seus discípulos para assustá-los, mas para encorajá-los. O "Espírito da verdade" (v.13), que Ele enviaria em Seu lugar, os capacitaria a suportar qualquer dificuldade.

Com a sabedoria que Ele proporciona, podemos trafegar confiantes pelos 20% da vida e nos alegrar com os 80% da vida.

> Eu lhes falei tudo isso para que tenham paz
> em mim. Aqui no mundo vocês terão aflições,
> mas animem-se, pois eu venci o mundo.
> João 16:33

UM PASSO À FRENTE

Como o fato de saber que os problemas são uma parte normal, porém limitada, da vida facilita a perseverar nos momentos difíceis? Você está em um momento dos 20% ou em um momento dos 80% em seu casamento? E quanto ao restante de sua vida? Peça ao Espírito Santo que lhe conceda a sabedoria necessária para transitar nesse período.

88

Doação sacrificial

David

Lori e eu conhecemos a família Rivera em uma viagem missionária ao México. Eles moravam em uma casa de um único cômodo feita de sobras de madeira na periferia da cidade. Quando o marido de Maria os abandonou, sua mãe, Lola se mudou para ajudar a cuidar de seus cinco filhos.

Assim que chegamos à casa deles, as crianças presentearam nossos filhos com frutas cuidadosamente lavadas e embrulhadas em guardanapos. Depois do culto, com o rosto sorridente e olhos brilhantes, elas se encontraram com nossos filhos. Segurando moedas brilhantes, apontaram para um vendedor de rua que vendia picolés. Só mais tarde percebemos que eles haviam usado seu próprio dinheiro para comprar guloseimas e picolés para nossos filhos. "Eles são a família mais pobre de nossa igreja", disse nosso amigo missionário, "mas também são os mais generosos".

Ficamos felizes em saber que outra equipe missionária havia percebido a necessidade deles e organizado um projeto para construção de outro cômodo. Eles acrescentaram um cômodo de blocos de concreto com um telhado de zinco à casa existente, dobrando o espaço deles.

Se a família Rivera tivesse vivido nos tempos bíblicos, suspeito que eles fariam parte da igreja de Filipos, à qual o apóstolo Paulo agradeceu por ter feito doações sacrificiais ao seu ministério: "Vocês enviaram ajuda em mais de uma ocasião. [...] Elas são um sacrifício de aroma suave, uma oferta aceitável e agradável a Deus" (Filipenses 4:16,18). Paulo lhes assegurou que Deus também atenderia às necessidades deles.

O exemplo de generosidade sincera da família Rivera nos faz lembrar de que, quando o Senhor nos inspira a doar, podemos fazê-lo com confiança, sabendo que Ele também atenderá às nossas necessidades.

> E esse mesmo Deus que cuida de mim lhes suprirá
> todas as necessidades por meio das riquezas
> gloriosas que nos foram dadas em Cristo Jesus.
> Filipenses 4:19

UM PASSO À FRENTE

Quando você sente que Deus está inspirando você a doar sacrificialmente para a obra dele ou para outras pessoas, você hesita? Por quê? Um de vocês tende a ser mais financeiramente comedido enquanto o outro tende a ser mais liberal? Você já testemunhou exemplos de generosidade de todo o coração ou experimentou isso em sua vida? Como a promessa de Filipenses 4:19 pode ajudá-lo(a) a superar qualquer medo que possa sentir em relação a doar de forma sacrificial?

89

Fim de tudo

Lori

Gostei muito de ler o romance *Anne de Green Gables* (Pedrazul Editora, 2018) no Ensino Médio, portanto, quando minha amiga se ofereceu para me emprestar a série, fiquei entusiasmada. O livro termina com a intensa Anne Shirley e o leal, porém enigmático, Gilbert Blythe se separando após o Ensino Médio. Mas a série foi muito além. Ela narra a tumultuada vida de Anne e Gilbert, sua "amizade--romance" de amor e de ódio, até a idade adulta.

Na metade do episódio, desliguei a TV e liguei para minha amiga, e disse a ela: "Se você não me prometer que Gilbert e Anne vão se casar antes do fim da série, eu vou desligar. Não vou investir mais tempo nisso a menos que eu saiba que haverá um final feliz".

Quando ela me garantiu (alerta de *spoiler*) o resultado que eu desejava, continuei assistindo, e estou feliz por ter feito isso. O ponto culminante de seu relacionamento de altos e baixos foi tudo o que eu esperava. Sim, eles viveram felizes para sempre. Lembrei-me disso quando li Efésios 1:9-11. Assim como os criadores de *Anne de Green Gables* tinham um plano para reunir Anne e Gilbert no momento certo, Deus tem um plano para reunir "sob a autoridade de Cristo tudo que existe" (v.10). Sabendo disso, podemos perseverar, e até mesmo triunfar, nos altos e baixos de um casamento difícil, de um momento desafiador para os pais ou de um período de deserto espiritual para um de vocês ou para ambos. Creia que um final feliz está chegando, pois Deus "faz que tudo ocorra de acordo com sua vontade" (v.11). E Sua vontade é sempre boa.

> Agora Deus nos revelou sua vontade secreta a respeito de Cristo, isto é, o cumprimento de seu bom propósito. E o plano é este: no devido tempo, ele reunirá sob a autoridade de Cristo tudo que existe nos céus e na terra.
> Efésios 1:9-10

UM PASSO À FRENTE

Você crê que é mais fácil perseverar durante uma provação quando sabe que um final feliz o(a) aguarda? Leia Efésios 1:9-11 com calma. Como você se sente ao saber que o plano de Deus caminha em direção ao final mais feliz de todos? De que maneira você pode lembrar o seu cônjuge dessa verdade quando ele ou ela estiver desanimado? Orem juntos, agradecendo a Deus por Ele ter escrito o final perfeito.

90

Protegido dos raios

David

Falar com o Criador do Universo nunca deveria ser entediante, mas às vezes é. *Desculpe a minha honestidade.* Eu me pergunto se deveria ser atingido por um raio enviado dos céus por admitir isso, mas infelizmente foi assim que Lori e eu nos sentimos depois de um mês de nossa jornada de oração. Oramos por nossas filhas. Oramos por nossos netos. Oramos por nossos empregos, ministérios e amigos. Oramos pelos pródigos. Todos os dias usávamos quase as mesmas palavras e fazíamos praticamente os mesmos pedidos.

Então decidimos mudar. Certo dia, usamos cada letra do alfabeto como um estímulo para orar pelas pessoas cujos nomes começavam com aquela letra. No dia seguinte, não fizemos nada além de agradecer a Deus, usando o alfabeto para nos ajudar a identificar motivos de gratidão de A a Z. Em outro dia, intercedemos apenas por pessoas que não víamos há algum tempo. O Senhor nos levou a orar por amigos de faculdade, parentes distantes e antigos membros da igreja.

Mudar a maneira de como realizamos nosso tempo de oração não é um conceito novo. A Bíblia fornece exemplos de maneiras diferentes para se orar: com ação de graças (1 Tessalonicenses 5:16-18), louvor (Salmo 34:1) e súplica (Filipenses 4:6), bem como em grupo (Atos 6:1-6) e em particular (Mateus 6:5-6). Com a Palavra de Deus como nosso guia, podemos realizar nosso tempo de oração com criatividade e entusiasmo: sem medo de que os raios caiam do céu!

Aceita minha oração, como incenso oferecido a ti,
e minhas mãos levantadas, como oferta da tarde.
Salmo 141:2

UM PASSO À FRENTE

Como você descreveria seu tempo de oração como casal? Dinâmico e envolvente ou obsoleto e repetitivo? Hoje, experimente uma das sugestões bíblicas, indicadas anteriormente, ou crie a sua própria forma. Se vocês não costumam orar juntos, tentem agradecer a Deus usando as letras do alfabeto como base, anotando motivos para agradecer de A a Z.

91

Carinho é sempre bom

Lori

Nell e Lairy Easterling eram o mais belo casal que já tínhamos visto. O cabelo branco como a neve dela estava sempre perfeitamente penteado. O cabelo branco dele lembrava seus dias na marinha, sempre bem aparado, liso e puxado para trás. Quando a Sra. Nell caminhava empurrando seu andador para dentro do santuário, o Sr. Lairy seguia atrás carregando a almofada dela. Nos dias bons, Lairy os levava para a igreja em seu Chevrolet amarelo de 1957. Eles tinham, respectivamente, 94 e 95 anos e estavam casados há 71 anos!

Certa manhã, na igreja, olhei para eles e sorri. Eles estavam de mãos dadas. Quando visitamos a casa deles, alguns dias depois, eles se sentaram juntos no sofá, de mãos dadas também. Em outro dia, David ligou com uma pergunta para o Sr. Lairy. A Sra. Nell atendeu e disse: "Só um minuto. Vou chamar o meu amado para você".

O apóstolo Paulo preencheu Romanos 12 com sabedoria prática para todos os cristãos. Suas palavras podem ser direcionadas aos casais a fim de lembra-lhes de amar, de ser carinhosos e de "honrar [um ao outro]" (v.10). Depois de quase 40 anos de casamento, David e eu precisamos de lembretes para não perder os toques carinhosos de nossos primeiros anos. Há dias em que não paramos o suficiente para trocar um carinho, abraçar-nos ou dar as mãos. Se não tomarmos cuidado, reservaremos o contato físico para momentos íntimos em vez de tornar o toque carinhoso uma parte de todos os dias. Felizmente, temos casais piedosos como Nell e Lairy, para nos lembrar que compartilhar gestos de carinho é uma maneira doce de dizer "eu te amo".

> Amem-se com amor fraternal e tenham
> prazer em honrar uns aos outros.
> Romanos 12:10

UM PASSO À FRENTE

Seu relacionamento é caracterizado pelo afeto ou os gestos carinhosos desapareceram de sua interação com o seu cônjuge devido à correria, preguiça ou apatia? Faça um esforço especial hoje para compartilhar um abraço, um carinho ou um beijo. Pontos extras se você conseguir compartilhar um beijo na frente de seus filhos!

92

Honre a Cristo ao honrar um ao outro

David

Suspeito que você e sua esposa querem amar um ao outro como Deus nos ama. O fato de estarem lendo este devocional juntos demonstra que desejam viver de acordo com os princípios cristãos e glorificar a Deus por meio de seu casamento. Apesar disso, você tem dificuldade em viver isso? Bem, nós *também*!

Certo dia, em um estudo bíblico para casais, conversamos sobre Efésios 5:21-28. Começamos com o versículo 21: "Sujeitem-se uns aos outros por temor a Cristo".

"Como é essa submissão de um ao outro em nossa realidade atual?", perguntei.

Pedro foi o primeiro a falar:

"Significa que consideramos as opiniões, necessidades e perspectivas um do outro e estamos dispostos a ceder as nossas. Um cônjuge não toma decisões importantes sem a opinião do outro".

"Se realmente reverenciamos Cristo e queremos honrá-lo em nosso casamento, trataremos um ao outro da mesma forma que trataríamos Jesus: com respeito e amor", complementou Catarina.

Pedro e Catarina sabem que relacionamentos saudáveis são construídos com base em uma fundação de submissão mútua. Os casamentos funcionam bem quando consideramos a perspectiva um do outro e estamos dispostos a ceder a nossa própria. Tomamos decisões sólidas e mutuamente benéficas. O melhor de tudo é que nosso casamento reflete Cristo e exibe Seus atributos para um mundo que o observa.

> Sujeitem-se uns aos outros por temor a Cristo.
>
> Efésios 5:21

UM PASSO À FRENTE

Leia Efésios 5:21-28. Conversem sobre o que significa sujeitar-se um ao outro com respeito e amor por temor a Cristo.

93

Encorajando um ao outro à oração

Lori

Nunca me esquecerei de minha visita ao santuário *Kotoku-in* em Kamakura, Japão. Lá, vi o *Daibutsu*, um Buda sentado gigante, reverenciado por budistas do mundo todo. Enquanto minha filha e eu nos assombrávamos observando a estátua de bronze de 11 metros, datada de 1252 d.C., vi algo que partiu meu coração. Em meio à paisagem artística, havia uma estrutura que continha milhares de pedaços de papel branco.

"São papéis com rezas. Os budistas acreditam que cada vez que o papel se agita, seus pedidos sobe aos céus", explicou minha filha. Perto dali, vimos rodas de reza de bronze gravadas com mantras pedindo por favores e bênçãos. As pessoas giravam suas próprias rodas de reza, acreditando que cada rotação da roda enviava um pedido seu para os céus.

Os cristãos sabem que as orações feitas a qualquer um que não seja Deus não têm efeito no âmbito espiritual ou físico, mas, às vezes, duvidamos da eficácia até mesmo de nossas orações direcionadas a Deus. Dia após dia, oramos por nossos filhos, netos e amigos. Pedimos saúde e proteção. Imploramos a Deus que atenda às nossas necessidades. Quando as respostas demoram a chegar, nos perguntamos: "Será que nossas orações chegam a Deus ou estão apenas tremulando ao vento?".

A Bíblia nos assegura que, diferentemente dos pedidos oferecidos a um ídolo inanimado, nossas orações ascendem a Deus, que está vivo e anseia por ouvi-las e por respondê-las. Seus olhos que tudo veem nunca nos perdem de vista, e Seus ouvidos estão sempre abertos aos nossos clamores. Quando estivermos cansados de orar, podemos nos encorajar uns aos outros com essa verdade.

> Os olhos do Senhor estão sobre os justos,
> e seus ouvidos, abertos para suas orações.
>
> 1 Pedro 3:12

UM PASSO À FRENTE

Compartilhem um com o outro algo pelo qual estejam orando há muito tempo. Revezem-se orando pelo pedido do outro, acreditando que Deus não apenas o ouve, mas que responderá de acordo com a Sua perfeita vontade.

94

Parceria especial

David

Diabetes não é brincadeira. Quando Deus abriu meus olhos para o caminho perigoso que eu estava trilhando em relação à minha saúde, finalmente levei a sério. Comecei a me alimentar corretamente e a me exercitar. Lori foi meu maior apoio. (Provavelmente porque ela já orava por esse tipo de oportunidade há décadas.) Ela preparava refeições saudáveis, compartilhava seu conhecimento nutricional e se exercitava comigo. Perdi 15 quilos e parei de tomar todos os remédios para diabetes.

Mas depois me descuidei. Voltei a ter alguns hábitos ruins e recuperei parte do peso que havia perdido. Lori tentou me incentivar, mas não fui muito receptivo. "Perdi peso sozinho", eu disse. "Não preciso de sua ajuda." Mas eu precisava.

O orgulho me impedia de aceitar a opinião dela. Ressentia-me das sugestões dela porque eu queria fazer o que desejava.

As Escrituras nos dizem que Deus criou o marido e a mulher para trabalharem em parceria. Assim como Deus enviou o Espírito Santo, "o Encorajador" (João 15:26), para estar ao lado dos cristãos, Ele criou homens e mulheres para se ajudarem mutuamente nessa jornada a qual chamamos de vida.

Isso ainda é verdade hoje. Nossos cônjuges devem ser nossos maiores defensores. Ele ou ela nos conhece melhor do que qualquer outra pessoa e querem o melhor para nós. Ao deixarmos de lado nosso orgulho e reconhecermos que Deus sabia o que estava fazendo ao nos presentear com o nosso cônjuge, ele ou ela nos ajudará a nos tornarmos tudo o que Deus deseja que sejamos. E isso vai muito além de alimentação saudável e exercícios.

> O SENHOR Deus disse: "Não é bom que o homem esteja sozinho. Farei alguém que o ajude e o complete".
>
> Gênesis 2:18

UM PASSO À FRENTE

O orgulho não é um problema exclusivo dos homens. Homens e mulheres têm dificuldade para aceitar a ajuda de seu cônjuge. Quando fazemos isso, nos privamos de um dos recursos mais valiosos que Deus nos deu. Na próxima vez que tiver dificuldades, deixe de lado o orgulho e peça ajuda ao seu cônjuge.

95

Como posso amar você melhor?

Lori

David e eu estamos casados há quase 40 anos. Pelos meus cálculos, são mais de 14.000 dias. No início de nosso casamento, concordamos em terminar todas as ligações telefônicas com as palavras "Eu amo você". Também dizemos isso quando saímos para o trabalho. Se algo acontecer a um de nós, queremos que "eu amo você" seja nossas palavras de despedida.

Você pode pensar que, depois de ouvirmos o outro dizer "eu amo você" cerca de 14.000 vezes, nunca duvidaríamos de que isso seja verdade. Mas, às vezes, nos questionamos. Ou nossas ações não se alinham com as nossas palavras ou as nossas circunstâncias (uma briga ou um período de distanciamento emocional ou físico) conspiram para nos fazer duvidar do amor do outro. Então, continuamos a dizer "eu amo você". E, é claro, demonstrando amor, repetidamente.

O autor do Salmo 136 entendeu nossa tendência à amnésia relacional. É por isso que o salmista escreveu a letra dessa bela canção. Composta de 26 estrofes, e cada uma delas termina com as palavras "Seu amor dura para sempre!".

David e eu às vezes reclamamos das músicas de hoje em dia *à moda 7-11*, refrões compostos de sete palavras repetidas onze vezes. A repetição nos deixa loucos. No entanto, o salmista, inspirado por Deus, repetiu esta mesma frase: "Seu amor dura para sempre!" *26 vezes*.

Deus não apenas nos ama para sempre, como também demonstra Seu amor mil vezes por dia, em cada respiração que fazemos, em cada graça que recebemos e em cada bondade que aparece em nosso caminho.

Ele nos ama. Ele nos *ama*. **Ele nos ama!**

Deem graças ao SENHOR, porque ele é bom.
Seu amor dura para sempre!
Deem graças ao Deus dos deuses.
Seu amor dura para sempre!
Deem graças ao Senhor dos senhores.
Seu amor dura para sempre!
Salmo 136:1-3

UM PASSO À FRENTE

Com que frequência vocês dizem um ao outro "eu amo você"? Digam isso um para o outro agora mesmo, estou falando sério. Agora, leiam o Salmo 136 em voz alta, revezando-se na leitura dos versículos. Como você se sente ao saber que o amor de Deus dura para sempre? Termine esse tempo juntos com um abraço e um "eu amo você".

96

Bilhetes de amor eterno

David

Lori e eu nunca sabemos o que descobriremos depois da visita de nossos netos. Encontramos peças de quebra-cabeça enfiadas no aparelho de DVD, maçãs comidas pela metade embaixo da cama e um arco-íris de giz de cera rabiscado na escrivaninha. Certa vez, descobrimos que Caroline, de 6 anos, havia transformado nosso *closet* em um zoológico para seus bichos de pelúcia.

De todas as surpresas que encontramos, no entanto, as surpresas no banheiro geralmente são as piores... mas não dessa vez! Olhando para os espelhos sobre nossa penteadeira, encontramos dois bilhetes escritos com marcador lavável. Lauren, de 8 anos, em sua caligrafia infantil, havia escrito cuidadosamente: "Eu te amo vovô" e "Eu te amo vovó" e cercado as palavras com uma dúzia de corações. Ela imitou um bilhete que eu havia escrito no espelho de Lori semanas antes.

Gestos amáveis entre entes queridos aquecem nosso coração e nos indicam o maior Amor de todos, nosso Salvador, Jesus Cristo. Em vez de escrever bilhetes temporários nos espelhos dos banheiros, Ele gravou o nosso nome nas palmas de Suas mãos.

Com o tempo, os bilhetes amorosos de nossa neta Lauren foram diminuindo e desvaneceram, mas a declaração de Jesus permanece por toda a eternidade, lembrando-nos que Deus nos ama com um amor eterno e nos concede a capacidade de compartilhar esse amor com os outros.

Vejam, escrevi seu nome na palma de minhas mãos.

Isaías 49:16

UM PASSO À FRENTE

Imagine olhar para as palmas das mãos de Jesus e ver seu nome gravado nelas. Agradeça a Deus por amar você com um amor eterno. Como um transbordamento do amor dele, pense em uma maneira criativa de expressar amor ao seu cônjuge hoje.

97

O amor é paciente

Lori

Foi um mês difícil. David lutava contra o estresse no trabalho, desafios no ministério e problemas de saúde. Ele ia para o trabalho cansado e voltava para casa ainda mais desanimado. A igreja sempre lhe trouxe alegria e um novo ânimo, mas os acontecimentos aumentaram seu fardo.

Tentei de tudo para afastar as nuvens de abatimento de nossa casa e do coração de meu marido. Preparei suas refeições favoritas; deixei bilhetes de encorajamento em sua marmita; compartilhei versículos edificantes, mas nada ajudou. A alegria era tão evasiva quanto uma brisa fresca em um mês particularmente quente.

Um dia, compartilhei minhas preocupações com uma amiga em meu círculo de oração.

"Não sei o que fazer. Já tentei de tudo", desabafei.

"Às vezes, você precisa apenas amá-lo. Não tente consertar o problema. Não tente fazer com que ele saia da situação e não leve para o lado pessoal. Apenas esteja presente. Abrace-o quando ele permitir e simplesmente o ame", disse ela.

Seu conselho era uma versão contemporânea das palavras do apóstolo Paulo aos coríntios: "O amor é paciente e bondoso" (1 Coríntios 13:4). Em vez de se concentrar em si mesmo e exigir "que as coisas sejam à sua maneira" (v.5), *o amor é paciente*. Mesmo quando as mudanças demoram a chegar.

Quando estou desanimada, David me oferece esse tipo de amor paciente. Felizmente, raramente nos sentimos desanimados ao mesmo tempo. Quando um de nós é sacudido pelas ondas das provações e circunstâncias, o outro fixa os pés e se mantém firme. Por fim, a tempestade passa e o sol volta a brilhar.

O amor é paciente e bondoso.
1 Coríntios 13:4

UM PASSO À FRENTE

Quando você está desanimado, qual reação do seu cônjuge é mais útil para você? Tempo e espaço para resolver as coisas ou uma chance de conversar sobre o assunto? Você prefere uma ajuda ativa para resolver a situação, um apoio silencioso que lhe dê espaço ou um meio termo entre os dois? Compartilhe suas ideias um com o outro.

98

Proteja seu coração (e seu casamento)

David

Lori e eu interagimos muito com o público. Ela trabalha como higienista dental e dá aulas em conferências para escritores, e eu pastoreio uma igreja e trabalho em uma concessionária de automóveis. Às vezes, encontramos pessoas do sexo oposto que se tornam um pouco *amigáveis demais.*

Nos primeiros anos de casados, descobrimos uma maneira de estabelecer um limite protetor em torno de nosso casamento e nos proteger de atenção indesejada. Sempre que possível, em uma conversa, fazemos uma menção gentil sobre o outro.

"Você é enfermeira? Minha esposa, Lori, trabalha no setor de saúde há quase 40 anos. Ela é minha higienista dental favorita", afirmei.

"Percebi que você está usando um relógio da *Apple*. Você já usou o aplicativo *Fitness*? Meu amado marido me mostrou como usá-lo para registrar os passos caminhados todos os dias", disse Lori a meu respeito.

Mencionar regularmente nosso cônjuge de forma elogiosa ajuda a transmitir aos outros a *sacralidade* de nosso relacionamento e o nosso amor um pelo outro. O rei Salomão escreveu grande parte de Provérbios para transmitir a sabedoria que Deus havia concedido a ele. "Meus filhos, ouçam quando seu pai lhes ensina", escreveu ele. "Não abandone a sabedoria, pois ela o protegerá; ame-a, e ela o guardará" (Provérbios 4:1,6).

Quando tomamos medidas sábias para proteger nosso casamento, também protegemos o nosso coração. Construímos uma barreira de proteção contra tentações desnecessárias e pensamentos pecaminosos. Isso mantém nosso relacionamento puro e nosso espírito livre de qualquer coisa que possa contaminá-lo e destruí-lo.

Acima de todas as coisas, guarde seu coração,
pois ele dirige o rumo de sua vida.
Provérbios 4:23

UM PASSO À FRENTE

Em suas conversas com pessoas do sexo oposto, faça um esforço consciente para mencionar seu cônjuge de forma elogiosa. Leiam Provérbios 4 juntos e descubram mais sábias orientações para melhorar e proteger seu relacionamento.

99

Deixe sua luz brilhar

Lori

A manhã do domingo de Páscoa estava clara e brilhante. O dia desta celebração havia chegado! Porém, eu não estava nada animada. Enquanto me preparava para sair para a igreja, minha mente voltou-se a uma situação que parecia quase tão sem esperança quanto a de Jesus em um túmulo soava para o abatido coração de Maria. Eu sabia o que Maria não sabia: Jesus estava vivo, mas que esperança eu tinha para a minha inquietação?

Dei uma última olhada pela janela em direção ao nascer do sol e parei. Lá, em destaque no céu alaranjado do amanhecer, havia uma enorme cruz branca. O avião cujo rastro de fumaça gravava a cruz continuou sua subida para o alto, até completar a parte vertical da cruz.

Enquanto eu observava em silêncio e com admiração, o Espírito Santo sussurrou em meu coração: *Estou vendo você. Sinto sua dor. Eu estou aqui.* Lágrimas brotaram em meus olhos enquanto eu inclinava a cabeça em adoração.

Quando mostrei a David, fiquei pensando sobre o aviador que pilotava o avião. Será que o piloto era cristão e queria lembrar às pessoas que Jesus está vivo? Ou é apenas uma "coincidência" que o Senhor tenha usado o rastro de fumaça para encorajar a nós e a qualquer outra pessoa que precisasse ser lembrada do poder da ressurreição de Jesus?

Jamais saberemos, mas Jesus nos ensina isto: "Da mesma forma, suas boas obras devem brilhar, para que todos as vejam e louvem seu Pai, que está no céu" (Mateus 5:16). Quer nossa luz seja um jato brilhante que deixa um sinal no céu ou uma palavra, ação ou oração bondosa, Deus pode nos usar, como casais, para demonstrar às pessoas ao nosso redor a esperança que temos em Cristo.

> Da mesma forma, suas boas obras devem brilhar,
> para que todos as vejam e louvem seu Pai, que está no céu.
> Mateus 5:16

UM PASSO À FRENTE

Você tende a pensar que "brilhar para Jesus" significa fazer grandes coisas, como sair em uma viagem missionária, liderar um ministério ou doar muito dinheiro? Compartilhem um com o outro um exemplo de uma boa ação ou simples ato gentil que alguém fez por você que impactou sua fé e glorificou a Deus. Peça a Deus que use vocês dois para fazer brilhar a luz de Cristo na vida de alguém. Depois, fiquem atentos às oportunidades.

100

Abrace como Jesus

David

De todas as histórias sobre Jesus na Bíblia, o relato dele abençoando às crianças é a minha favorita. Provavelmente porque Ele poderia ter se levantado, estendido Seus braços sagrados e pronunciado uma bênção às crianças de uma distância segura e "higiênica", mas Ele não o fez. Ele pegou aquelas crianças, possivelmente de roupas sujas e gastas, *em seus braços* e proferiu palavras de bênção sobre elas.

A maioria de nós aprecia o poder de um abraço, mas a ciência também passou a reconhecê-lo. Estudos confirmam que os abraços reduzem o estresse, estimulam o sistema imunológico, aliviam a dor, fortalecem o coração e diminuem o medo. O melhor de tudo é que eles aumentam nossa sensação de bem-estar e conexão. Abraços nos *reafirmam* como pessoas valiosas.[6]

Quando Lori e eu éramos recém-casados, nós nos abraçávamos muito. Depois, nossas filhas nasceram, e a maior parte de nossos abraços foi reservada a elas. Agora que estamos com o ninho vazio, abraçamos os netos sempre que eles nos permitem, mas às vezes esquecemos de nos abraçar.

Acho fácil ficar tão envolvido com o trabalho, com as tarefas e com a vida que não tenho tempo para abraçar. No entanto, o exemplo de Jesus me faz lembrar que abraços dados na hora certa, acompanhados de palavras encorajadoras, são presentes de Deus que podemos dar uns aos outros.

Então tomou as crianças nos braços,
pôs as mãos sobre a cabeça delas e as abençoou.
Marcos 10:16

UM PASSO À FRENTE

Quando foi a última vez que você abraçou seu cônjuge? Hoje? Ontem? Na semana passada? Reserve um momento para abraçar seu cônjuge e proferir uma bênção sobre ele(a).

NOTAS BIBLIOGRÁFICAS

1. INGRAM, Chip. Why We All Struggle with Anger: Living on the Edge. Disponível em https://livingontheedge.org/broadcast/why-we-all-struggle-with-anger/. Acesso em 5 de maio de 2022.
2. DAVEY, Stephen. Katharina Luther: Legacies of Light, Part 14. *Wisdom for the Heart*, 9 de junho de 2019. Disponível em https://www.wisdomonline.org/files/uploads/LegaciesofLight-Luther.pdf.
3. GESENIUS' Hebrew-Chaldee Lexicon, s.v. *dabaq*. Disponível em https://www.blueletterbible.org/lexicon/h1692/kjv/wlc/0-1/. Acesso em 6 de maio de 2022.
4. INGRAM, Chip. What's Different about God's Peace? *Decision*, 1º de abril de 2022. Disponível em https://decisionmagazine.com/chip-ingram- whats-different-about-gods-peace/.
5. EGGERICHS, Emerson. The 80-20 Ratio: The Secret to Appreciating Your Marriage. *Love and Respect Ministries*, 4 de outubro de 2018. Disponível em https://www.midlandscbd.com/articles/the- 80-20-ratio. O segredo para valorizar seu casamento-10801.
6. CIRINO, Erica. What Are the Benefits of Hugging? *Healthline*, 11 de abril de 2018. Disponível em https://www.healthline.com/health/hugging-benefits.

SOBRE OS AUTORES

David Hatcher atua como "jogador não oficial" do *Dallas Cowboys*, time de futebol americano da Carolina do Sul. Ele é casado com Lori desde 1984. Juntos, eles têm duas filhas adultas já casadas, dois ótimos genros, quatro netos incríveis e Halsey, o seu cãozinho. Desde que David entregou sua vida a Cristo aos 17 anos, ele serviu à igreja em quase todas as funções, de zelador a líder de jovens e pastor sênior, com exceção do berçário — ele não entende de fraldas. Hoje ele trabalha como ministro bivocacional de uma pequena igreja em Columbia, Carolina do Sul. Formado pela *Liberty University*, David acrescenta o versículo de sua vida: "Tenho certeza de que aquele que começou a boa obra em vocês irá completá-la até o dia em que Cristo Jesus voltar" (Filipenses 1:6), a cada assinatura. Um dia que David considera como bom e produtivo inclui acertar as correntes das cestas metálicas, com um disco de plástico, em partidas de *Disc Golf* (Golfe de disco), fazer caminhadas nas montanhas e passear com seus netos. O leitor pode entrar em contato com ele pelo e-mail 4xHatchers@gmail.com.

Lori Hatcher é autora, palestrante do ministério de mulheres e higienista dental de carreira. Aos 18 anos, ela sonhava em se tornar a primeira presidente mulher dos EUA e mudar o mundo. Agora ela guia pessoas para Cristo, Aquele que mudou o mundo para sempre. Casada com David há quase 40 anos, ela trabalha ao lado dele para encorajar e equipar o povo de Deus. Lori formou-se no curso Técnico em Saúde Bucal, mas recebeu sua maior instrução ao educar suas duas filhas em casa, desde o nascimento até a faculdade. Ela crê no poder da contação de histórias para ligar a vida real à verdade espiritual. Isso fica evidente em seus devocionais baseados em histórias. Seu livro *Refresh Your Faith*, ou *Refresque sua fé*, em tradução livre (Our Daily Bread Publishing, 2020), repercutiu entre cristãos de todas as idades. Depois deste, ela publicou vários outros devocionais, incluindo este para casais. Um dia que Lori considera como bom e produtivo inclui uma caminhada de oração com David, uma refeição que ela não precise cozinhar e um tempo a sós com seus familiares ou amigos.